McIntosh | Weißsein als Privileg

[Was bedeutet das alles?]

Peggy McIntosh

Weißsein als Privileg
Die Privilege Papers

Aus dem Amerikanischen übersetzt von Yasemin Dinçer
Nachwort von Markus Rieger-Ladich

Reclam

RECLAMS UNIVERSAL-BIBLIOTHEK Nr. 14358
2024 Philipp Reclam jun. Verlag GmbH,
Siemensstraße 32, 71254 Ditzingen

Gestaltung: Cornelia Feyll, Friedrich Forssman
Druck und Bindung: Esser printSolutions GmbH,
Untere Sonnenstraße 5, 84030 Ergolding
Printed in Germany 2024
RECLAM, UNIVERSAL-BIBLIOTHEK und
RECLAMS UNIVERSAL-BIBLIOTHEK sind eingetragene Marken
der Philipp Reclam jun. GmbH & Co. KG, Stuttgart
ISBN 978-3-15-014358-2

Auch als E-Book erhältlich

www.reclam.de

Inhalt

Ein Brief zu den *Privilege Papers*

Liebe Leserin, lieber Leser,
wann immer ich über Privilegien spreche, lautet hinterher die häufigste Frage aus dem Publikum: »Wie kam es dazu, dass Ihnen spezifisch weiße Privilegien auffielen?« Für den Fall, dass es auch Sie interessiert, werde ich diese Frage im Folgenden beantworten. Es ist keine angenehme Geschichte, aber sie hat mein Leben ungemein zum Besseren verändert. Was daran so unangenehm war? Aus dem Gleichgewicht zu geraten, meine wichtigsten Annahmen über mich selbst und über andere Menschen über Bord werfen und mein Gefühl dafür, wer, was und wo ich bin, anpassen zu müssen. Aber letzten Endes haben diese Veränderungen mein Leben auf ein neues, besseres Fundament gestellt.

In drei aufeinanderfolgenden Jahren (1982 bis 1985) kam es an meiner Arbeitsstelle, dem Wellesley College Center for Research on Women, in einem von mir geleiteten Seminar zu einer Art Streit zwischen den Männern und Frauen. Die Teilnehmer:innen des Seminars waren Hochschullehrer:innen aus ganz New England sowie aus New York, New Jersey und Connecticut. Wir trafen uns während eines Studienjahres einmal im Monat. Die Männer, die an diesen Seminaren teilnahmen, waren nette Menschen und obendrein mutig, schließlich kamen sie an ein Frauencollege, um über unser feministisches Thema zu diskutieren: die aktuelle Frauenforschung und wie diese in alle *Liberal-Arts*-Disziplinen eingebunden werden könnte, darunter auch Mathematik und Naturwissenschaften.

Jeden September begannen wir in bester Verfassung mit zweiundzwanzig Männern und Frauen, die einander wertschätzten und die allesamt dieses unendlich interessante Thema wertschätzten. Jedes Jahr beschrieben ein paar von uns Hochschullehrer:innen, wie wir Materialien zu Frauen bereits in unsere Kurse am College einfließen ließen. Aber jedes Jahr stellten auch ein paar der Frauen die Frage, weshalb wir Materialien zu Frauen nicht bereits in die Einführungskurse integrieren konnten.

Damals machte ich mir eine Menge Notizen. Ein Mann beantwortete diese Frage folgendermaßen: »Wenn man versucht, die Grundsteine für Wissen zu legen, hat *soft stuff* [etwas Schwammiges oder Weiches] keinen Platz.« Wie alle anderen von uns hatte er viele Bücher und Artikel in Fachzeitschriften über Women's Studies gelesen, aber sein Kommentar zeigte, dass er nach wie vor alles, was mit Frauen zu tun hatte, als *soft* empfand. Er war ein ausgesprochen netter Mann. Ich schrieb seinen Kommentar auf. Niemand von uns stellte das von ihm gebrauchte Wort *soft* infrage.

In dem Seminar zwei Jahre darauf sagte eine Dozentin, sie wolle nicht, dass Studierende auf ein feministisches Seminar im letzten Studienjahr warten müssten, um Materialien zu Frauen zu lesen. Daraufhin erklärte ein weiterer sehr netter Mann, weshalb Materialien zu Frauen in Kursen für Studienanfänger:innen nicht berücksichtigt werden könnten. Er sagte: »In diesem ersten Jahr versuchen die Studierenden, sich für ein Hauptfach zu entscheiden. Das ist ihre Disziplin. Wenn Studierende so denken sollen, wie ihr Fach es vorsieht, haben Extras keinen Platz.« Liebe Leserin, lieber Leser, sollten Sie vor den siebziger Jahren des zwanzigsten Jahrhunderts geboren worden sein, wird es Sie wohl kaum wundern, dass niemand der zweiundzwanzig Hochschullehrer:innen in der Gruppe seine Wortwahl infrage stellte. Dieser Mann war, wie jeder andere Mensch in der Weltgeschichte, von einer Frau geboren worden, aber irgendwie war er so gepolt, dass er die Person, die ihn geboren und ihm sein Leben geschenkt hatte, als ein »Extra« betrachtete. Ich fragte mich, was wohl mit seinem Verstand angestellt worden war, dass er unsere Hälfte der Bevölkerung ausblendete. Da mir die Worte fehlten, schrieb ich auch seinen Kommentar lediglich auf.

Allerdings hatte ich damals das Gefühl, ich müsse mich entscheiden, ob diese Männer nett oder aber unterdrückerisch waren. Ich wusste, dass sie nette Männer waren und mutige obendrein, da sie dieses fünfstündige feministische Seminar besuchten und jeden Monat viele Stunden für die An- und Abreise aufwendeten. Ich *wusste*, dass sie nett waren, aber ihre Kommentare führten dazu, dass ich mich unterdrückt *fühlte*. Mir war noch nicht in den Sinn gekommen, dass Menschen nett (sogar mutig) und unterdrückerisch zugleich sein konnten. Ein paar Jahre lang verwirrte mich dieser Umstand, aber dann erinnerte ich mich plötzlich zurück an das Jahr 1979, als ich das Statement des Combahee River Collective von 1977 gelesen hatte. Darin erklärten die brillanten schwarzen Wissenschaftlerinnen und Aktivistinnen, »dass die Hauptunterdrückungssysteme miteinander verschränkt sind« (The Combahee River Collective 2019, S. 48). Weiter schrieben sie:

> Ein Thema, welches uns ein großes Anliegen ist und welches wir begonnen haben, in öffentlichen Räumen anzusprechen, ist Rassismus in der *weißen* Frauen*bewegung. Als Schwarze Feministinnen* wird uns ständig schmerz-

> lich bewusst gemacht, wie wenig sich *weiße* Frauen* bemüht haben, ihren Rassismus zu verstehen und zu bekämpfen. Dies erfordert unter anderem, dass sie ein tieferes Verständnis von *Race*, Hautfarben und Schwarzer Geschichte und Kultur entwickeln. (Ebd., S. 59)

Sie implizierten damit, dass nicht *manche* weiße Frauen, sondern weiße Frauen *als gesamte Gruppe* in der Zusammenarbeit unterdrückerisch agierten. Ich hörte schwarze Frauen auf Konferenzen und in den Fluren der Colleges rund um Boston diese Empfindung teilen. Meine erste Reaktion, so erinnerte ich mich nun, war eine Art inneres Klagen gewesen: »Ich verstehe nicht, wie sie so etwas über uns sagen können – ich finde, dass wir nett sind.« Und meine zweite innere und unausgesprochene Reaktion war ganz und gar rassistisch: »Ich finde vor allem, dass wir nett sind, wenn wir mit *ihnen* zusammenarbeiten.«

Mir wurde nun bewusst, dass ich einen Dank dafür erwartete, wenn ich mit Menschen zusammenarbeitete, auf die herabzublicken man mich gelehrt hatte. War ich aus diesem Grund in der Zusammenarbeit unterdrückerisch? Ich brauchte zwei Jahre des Zauderns, ehe ich mich schließlich mit der Antwort abfand: Ja, ich war in der Zusammenarbeit mit schwarzen Frauen unterdrückerisch. Ich hatte meinen Rassismus zu verbergen gehofft, indem ich nett war – nein: sehr nett. Nun musste ich zugeben, dass mein Rassismus natürlich zu erkennen war. Mir kam der Gedanke, dass schwarze Frauen wahrscheinlich deshalb mit mir zusammenarbeiteten, weil ich es zumindest zu *versuchen* schien. An der University of Denver hatte ich schwarze Frauenliteratur gelehrt, aber ich hatte nichts darüber gelehrt, wie die

Systeme weißer Menschen die Härten und Bedingungen im Leben jener schwarzen Figuren und Autorinnen geschaffen hatten, auf die ich da meinen Blick richtete.

Mitte der achtziger Jahre erkannte ich also plötzlich diese hässliche Parallele zwischen dem unterdrückerischen Verhalten der männlichen Seminarteilnehmer und meinem eigenen rassistischen unterdrückerischen Verhalten. Das war ein unangenehmer Schlag in die Magengrube. Dann wurde mir klarer, wie es dazu gekommen ist, dass die Männer in den Seminaren so dachten. Ich kam zu dem Schluss, dass sie nette Männer waren, die einfach nur sehr gut gelernt hatten, was ihnen beigebracht worden war, nämlich einen langen Katalog von Annahmen, die sie (und ich) aus den Lehrplänen und aus der Gesellschaft aufgesaugt hatten: Männer verfügen über Wissen. Männer erschaffen neues Wissen. Männer veröffentlichen und behaupten Wissen, als Dozenten. Männer leiten die bekanntesten Forschungsuniversitäten. Männer leiten die größten Universitätsverlage. Und wir haben die Vorstellung verinnerlicht, dass Männer die Wissenden sind und das Wissen selbst männlich ist.

Bis zu diesem Zeitpunkt hatte ich angenommen, ich bekäme – anders als meine Kolleginnen of Color – für meine Arbeit an der Änderung des Lehrplans deshalb Fördergelder, weil ich bessere Förderungsanträge schrieb als sie. Nun verstand ich es plötzlich anders. Ich musste mich mit meinem eigenen langen Katalog an Annahmen über das Weißsein auseinandersetzen: Weiße Menschen verfügen über Wissen. Weiße Menschen erschaffen neues Wissen. Weiße Menschen veröffentlichen und behaupten Wissen, als Dozent:innen. Weiße Menschen leiten die bekanntesten Forschungsuniversitäten. Weiße Menschen leiten die größten

Universitätsverlage. Mir wurde bewusst, dass ich die Vorstellung verinnerlicht hatte, dass weiße Menschen die Wissenden sind und das Wissen selbst weiß ist.

Es war unerträglich. Dann begriff ich etwas, woran ich bis heute glaube – dass es hier nicht um Nettsein geht. Mir fiel auf, dass das Seminar selbst von der Andrew W. Mellon Foundation finanziert wurde und dass all die Menschen, mit denen ich bei der Stiftung zu tun gehabt hatte, weiß waren. Alle Menschen, mit denen ich bei welcher Stiftung auch immer jemals gesprochen hatte, waren weiß. Mir wurde bewusst, dass ich nicht nur das gesamte Wissenssystem auf meiner Seite hatte, sondern auch das Förderungsbewilligungssystem und das Geldsystem.

Das entlarvte die Meritokratie als bloßen Mythos. Ich war aufgewachsen mit diesem Mythos der Meritokratie, der zwei Teile hat. Zum einen: Die einzige Einheit der Gesellschaft ist das Individuum. Zum anderen: Was auch immer ein Individuum bis zu seinem Tod erreicht hat, muss das sein, was dieses Individuum gewollt, wofür es sich angestrengt, was es sich erarbeitet und was es verdient hat. Meine weißen Privilegien zu erkennen, zerstörte meine Annahme, ich hätte mir alles, was ich besaß, selbst erarbeitet.

Den nun aufkommenden Fragen wollte ich mich zwar lieber nicht stellen, aber ich glaubte, dass ich gerade etwas sehr Großes über mein Leben erkannt hatte: dass das Wissenssystem und das Geldsystem *für mich* arbeiteten. Also fragte ich mich, was ich ansonsten noch besaß, ohne es mir selbst erarbeitet zu haben. Mein bewusster Verstand weigerte sich, darauf zu antworten. Ich fragte erneut, dringlicher: »Was besitze ich im Gegensatz zu meinen schwarzen Kolleginnen am Wellesley College, ohne es mir erarbeitet zu haben, abgesehen davon, dass das Wissenssystem und das Geldsystem auf meiner Seite sind?« Auch diesmal wollte mein bewusster Verstand, mit all seinen Abschlüssen und Auszeichnungen, nicht darauf antworten. Ich hatte es mir zur Angewohnheit gemacht, meinem Verstand Fragen zu stellen und von ihm Antworten zu bekommen. Diesmal verweigerte er sich jedoch. Mein Verstand sagte: »Dorthin werde ich mich nicht begeben«, oder: »Dort gibt es nichts zu sehen.« Doch eines Abends kurz vor dem Einschlafen, in dem Gefühl, mich wegen dieser Sache in einer spirituellen Krise zu befinden, schrie ich die namenlosen Mächte schließlich geradezu an: »Wenn ich im Gegensatz zu meinen schwarzen Freundinnen im Alltag noch über irgendetwas anderes verfüge, ohne es mir erarbeitet zu haben, ZEIGT ES MIR.«

Mitten in jener Nacht kam mir ein Beispiel in den Sinn. Es weckte mich. Ich schaltete das Licht an und schrieb es auf. Ich war sehr enttäuscht. Es kam mir trivial vor. Ich denke, ich suchte nach dem nächsten großen Ding, vergleichbar dem Geldsystem oder dem Wissenssystem. Die Notiz lautete: »Wenn ich es möchte, kann ich die meiste Zeit in der Gesellschaft von Menschen meiner eigenen *Race* verbringen.« Am nächsten Morgen schaute ich mir den Satz an und fand ihn noch immer trivial. Heute glaube ich, dass er ein Riesending ist. Diese Tatsache bewahrt mich davor, »die Einsame« oder »die Einzige« sein zu müssen. Mein Eindruck, sie wäre trivial, war ein sehr weißes Urteil. Diese Feststellung war das erste von sechsundvierzig Beispielen, die mir im Verlauf der nächsten drei Monate einfielen.

Wie ich im ersten, all jene sechsundvierzig Beispiele umfassenden *Privilege Paper* erklärte, waren die Sätze bis zum nächsten Morgen wieder aus meinem Kopf verschwunden, wenn ich sie nicht sofort aufschrieb. Nichts davon wollte ich wissen. Ich schrieb Dinge auf, die ich nicht sehen wollte. Heute amüsiert es mich, dass mir die Beispiele voll ausformuliert und grammatikalisch korrekt in den Sinn kamen. Ich war früher einmal Englischlehrerin gewesen, was diesen Umstand zum Teil erklärt, aber er zeigt mir auch, wie dicht die Beispiele sich unter der Oberfläche meines Verstandes befanden – wie leicht erreichbar sie für mein Unterbewusstsein waren. Ich empfehle Ihnen, liebe Leserin, lieber Leser, genauso wie allen Studierenden, mit denen ich heutzutage spreche, Ihrem eigenen unterbewussten Verstand Fragen zu stellen. Ich denke, dass unsere formale Bildung das meiste von dem unterdrückt, was unserem unterbewussten Verstand auffällt. Als Kinder haben wir ein ausgeprägtes Gespür für Ungerechtigkeit und dafür, wie offenkundig Ungerechtigkeit im Leben und in der Schule ist. Aber in der Schule wird uns kaum etwas über rassistische Machtdynamiken beigebracht, und die wenigsten Eltern diskutieren ungezwungen mit ihren Kindern, Familien, Nachbar:innen, der Landes- bzw. Bundesregierung oder anderen Menschen auf der Welt über das furchtbare Thema rassistische Macht. Ich hatte nicht verstanden, weshalb schwarze Frauen uns weiße Frauen unterdrückerisch fanden, bis ich nach der Wahrheit *verlangte* und daraufhin davon träumte. Diese Quellen unterbewusster, unterdrückter Informationen lieferten mir Dutzende grammatikalisch korrekt und verständlich formulierte Beispiele aus meinem eigenen Leben.

Jedes Beispiel wurde von einer Stimme vorgetragen, die weder männlich noch weiblich war, und zwar so auf den

Punkt, dass daran nicht mehr gefeilt werden musste. Anders ausgedrückt belehrte mich diese Stimme über meine eigenen Erfahrungen. Die Stimme lud mich nicht ein, mir eine Geschichte auszudenken, sondern sie gab mir einfach Worte für das, was ich bereits wusste. Die Stimme kam meiner Aufforderung nach: »ZEIGT ES MIR!«

Nach etwa drei Monaten kamen keine Beispiele mehr. Eines Nachts hörte ich dieselbe Stimme, die mir die meisten der Beispiele gegeben hatte: »Du musst das aufschreiben und veröffentlichen. Das ist wahrscheinlich die wichtigste Arbeit, die du in deinem Leben vollbringen wirst.«

Ich schrieb meine Beispiele und meine Analyse davon auf und schickte das Manuskript an ein paar Freund:innen und Kolleg:innen in den Bereichen Women's Studies, Black Studies, Soziologie und Psychologie in verschiedenen Teilen des Landes. Sie rieten mir, es zu veröffentlichen. Aber das Working Papers Committee des Center for Research on Women, wo ich arbeitete, weigerte sich, den Aufsatz abzudrucken. Das Komitee erklärte, er sei »nur anekdotisch«, habe keine Fußnoten und sei somit keine richtige Forschungsarbeit.

Ich präsentierte meinen Aufsatz dennoch als Vortrag bei vielen Konferenzen und erhielt Anfragen aus verschiedenen Fachgebieten, ihn in Seminaren verwenden zu dürfen. Ich nahm 50 Cent für jede Kopie, die jemand anfertigte, fand jedoch, das Center könnte für uns alle Geld einnehmen, wenn es den Text veröffentlichte und 6 Dollar pro Exemplar verlangte. Im Jahr darauf suchte ich das Working Papers Committee also noch einmal auf, aber sie lehnten den Aufsatz erneut ab, wobei sie betonten, unsere Institution habe *für ihre Forschung* einen Ruf zu wahren, und eine persönliche Erzählung könne nicht als aussagekräftige Daten betrachtet werden. Ich verstand ihre Position, schließlich hatte ich alle meine Abschlüsse nach diesen akademischen Konventionen erhalten. Beispielsweise hatte ich in all den Arbeiten, die ich am College und am Graduiertenkolleg verfasst hatte, stets unpersönliche Formulierungen gewählt. Heute bin ich der Überzeugung, dass das Weglassen individueller Stimmen der Wissenserzeugung immens schadet.

Ich war überrascht, als dieselbe Stimme, die mir die meisten Beispiele gegeben hatte, mich etwa drei Monate nach der zweiten Ablehnung durch das Working Papers Committee weckte. Die Stimme sagte: »Freud hatte keine Fußnoten!« Ich bat darum, an einem weiteren der vierteljährlichen Treffen des Komitees teilnehmen zu dürfen, und erklärte, ich verstünde zwar ihr Dilemma, aber: »Freud hatte keine Fußnoten! Das hier ist ein Primärtext.« Sie blickten einander an, meine Kolleg:innen mit ihren Doktortiteln in Sozialwissenschaften, und sagten schließlich: »Okay.« Als Working Paper #189 [siehe S. 27–51] wurde der Text bald zu einem der bestverkauften Aufsätze des Centers, und bis heute steht er ganz oben auf der Liste, gemeinsam mit Nan Steins wichtiger Arbeit über Gendergewalt in Schulen und Gesellschaft. Er fügte den komplett weißen Lehrplänen der feministischen und der Männer-zentrierten Kurse eine notwendige weitere Dimension hinzu.

Kurz nach der Veröffentlichung des Papers bekam ich einen Anruf von der *Harvard Educational Review*, die es nachdrucken wollte. Ich stimmte zu, unter der Bedingung, dass die Herausgeber:innen auch einen Artikel einer Person of Color anforderten, die keine weißen Privilegien genießt. Sie behaupteten, sie hätten keinen Platz für einen weiteren Artikel. Ich bot an, meinen Aufsatz um die Hälfte zu kürzen und den Platz zu teilen. Nach einer langen Pause hieß es, die *Review* veröffentliche keine »kurzen Artikel«, also lehnte ich das Angebot ab.

1989 fragte mich Roberta Spivek, die erfahrene Herausgeberin der Zeitschrift *Peace and Freedom* der Women's International League for Peace and Freedom, ob sie den Artikel verdichten dürfe. Sie reduzierte die Liste der Beispiele von sechsundvierzig auf sechsundzwanzig und arbeitete auf brillante Weise die wichtigsten Punkte und Bilder aus meinem neunzehnseitigen Paper heraus. Sie griff die Metapher des unsichtbaren Rucksacks aus dem Hauptteil des Aufsatzes auf und nannte den dreiseitigen Ausschnitt: *Weiße Privilegien: den unsichtbaren Rucksack auspacken* [siehe S. 52–63].

In den Jahren seit 1989 hat sich diese Arbeit für viele Leser:innen als nützlich erwiesen. Ich hatte nie erwartet, dass sie einen solchen Eindruck hinterlassen würde, insbesondere da ich mir ein kleines bisschen verrückt vorkam, als ich nach den Anweisungen meines Unterbewusstseins schrieb. Ich denke, das Geheimnis des Erfolgs von Roberta Spiveks *Rucksack*-Version liegt zum Teil darin, dass sie so kurz ist. Im Studium wird oftmals die Lektüre langer Artikel und Bücher als Hausaufgabe erteilt, wohingegen meine Leser:innen den Kern dieser Arbeit sehr schnell erfassen können. Im Nachhinein denke ich, die meisten Leser:innen werden angezogen von der sachlichen Qualität der einzelnen Beispiele für Privilegien, mit denen ich mein eigenes Erleben beschreibe. Ich spreche nicht für andere weiße Menschen, aber ich empfehle den Leser:innen, sich detailliert, distanziert und nüchtern anzuschauen, welche Vor-

und Nachteile es aus ihrer eigenen Perspektive gibt. Im Verlauf der Jahre haben mir viele Menschen erzählt, sie wüssten noch genau, wo sie saßen, als sie den *Rucksack* zum ersten Mal lasen. Manche sagen, der Text sei das Einzige, woran sie sich aus einem Kurs oder aus einem Hauptfach oder aus all ihren Jahren am College noch erinnerten! Ich finde die hohen Kosten für eine Collegeausbildung grauenvoll – aber ich habe das Gefühl, dass dieser kleine Aufsatz die Studiengebühren wert ist. Ich bin all den mutigen Dozent:innen dankbar, die ihn jemals als Hausaufgabe verteilt haben, und all den Menschen, die ihn jemals anderen gegeben oder empfohlen haben. Auch dreißig Jahre später weckt mein Bekenntnis noch immer in vielen Menschen die Bereitschaft, sich mit systemischer Ungerechtigkeit zu befassen, in einer Zeit, in der den meisten Amerikaner:innen noch immer beigebracht wird, es gebe bei ihnen gar keine Systeme der Ungerechtigkeit.

Weiße Menschen und People of Color haben mir aus sehr unterschiedlichen Gründen gedankt. Viele Weiße, insbesondere jene, die vor den sechziger und siebziger Jahren des zwanzigsten Jahrhunderts geboren wurden, danken mir mit den Worten: »Über all das habe ich noch nie nachgedacht.« People of Color danken mir aus einem ganz anderen Grund – mein Paper bestätigt ihnen, dass sie nicht verrückt sind. Sie wussten schon vorher, dass etwas gegen sie arbeitet, das keine unverhohlene Diskriminierung ist, aber mein Paper lieferte ihnen Worte und einen konzeptuellen Rahmen, der ihnen bestätigte, dass ihre Erfahrungen echt waren. Als ich meine *White Privilege Papers* schrieb, hatte ich noch nichts von David Wellman oder seiner brillanten Studie *Portraits of White Racism* aus dem Jahr 1977 gehört.

Wellman lieferte darin die äußerst nützliche Erklärung von weißen Privilegien als einem System von Vorteilen, die auf *Race* basieren. Meines Erachtens verdient diese wichtige und analytisch scharfsinnige Studie der rassistischen Einstellung fünf weißer Amerikaner:innen eine größere Leser:innenschaft.

Mein ursprüngliches Paper aus dem Jahr 1988 beschrieb männliche Privilegien, weiße Privilegien und heterosexuelle Privilegien. Somit war die Analyse intersektional. Wenn ich zum Thema Privilegien unterrichte, suche ich nach Übungen zu diesen und vielen anderen Formen von Privilegien und Benachteiligungen. Diese Übungen ermöglichen es dem Publikum oder den Studierenden, sich mit dem Thema in seiner vielschichtigen Komplexität zu befassen, bei der es immer um Macht geht, ohne es aufgrund von Selbstvorwürfen, Scham oder Schuldgefühlen gleich wieder fallen zu lassen. Ich erinnere mein Publikum daran, dass wir uns die Systeme, in die wir hineingeboren wurden, nicht ausgesucht haben. Uns wird beigebracht, uns in sie einzufügen, oder wir werden dafür bestraft, wenn wir es nicht tun. Ich sage außerdem, woran ich glaube: Jeder Mensch wird in eine Kombination aus unverdienten Nachteilen und unverdienten Vorteilen hineingeboren. Niemand ist einzig und allein eine unterdrückende oder einzig und allein eine unterdrückte Person. In *Ein paar Anmerkungen zur Vermittlung meiner White Privilege Papers* [siehe S. 64–69] habe ich viele weitere Faktoren neben *Race* vorgeschlagen, die in Bezug auf Privilegien bzw. Benachteiligungen eine Rolle spielen können.

Beim Lesen der Essays über Privilegien, die ich in diesem Buch versammelt habe, mögen Sie sich in Augenblicke Ihrer Kindheit zurückversetzt fühlen, in denen Sie andere Kinder leiden sahen und Mitgefühl für sie empfanden. Höchstwahrscheinlich wussten die Erwachsenen nicht, wie sie mit Ihnen über die großen Muster der Grausamkeit, die Sie damals erkannt haben, reden sollten. Es ist buchstäblich zu schmerzhaft, um es in Worte zu fassen. Durch die Auseinandersetzung mit Privilegiensystemen mögen Sie wieder zu jenem früheren, klareren moralischen Gefühl zurückkehren und sich nun im Nachhinein womöglich auch in jene hineinversetzen können, die nicht mit Ihnen darüber sprechen wollten, wie Macht in unserer Welt funktioniert. Wenn Sie sich unerschrocken mit Privilegien auseinandersetzen, mögen Sie herausfinden, wie viel Macht Ihnen verliehen wurde durch die Umstände, in die Sie hineingeboren wurden, aber auch, wie viel Entmachtung Sie erfuhren, damit Sie »wissen, wo Ihr Platz ist«.

Wenn Sie sich fragen, wieso es um die *Race*-Beziehungen so schlecht bestellt ist, kann die Privilegienanalyse Ihnen verstehen und auch handeln helfen. Ich sollte damit beginnen, Folgendes anzuerkennen: Allein, die Vorstellung von Privilegien zum ersten Mal ernst zu nehmen, mag zunächst das Größte sein, wozu ein Mensch fähig ist, und alles, was ein Verstand fassen kann. Aber unser Verstand ist riesig, und wenn wir ihn relevant verändern, wird dies Millionen unserer täglichen Handlungen, Interaktionen und Entscheidungen beeinflussen. Ich hoffe, das ungeheure Ausmaß der Privilegien wird Sie nicht lähmen – Reflexion ohne Handeln –, sondern Sie werden jegliche Macht, die Ihre Privilegien Ihnen verleihen, nutzen, um gegen einige der Machtmissbräuche anzugehen, die unsere Leben und unsere Gemeinschaften tagtäglich prägen.

Wenn Sie sich fragen, warum die Welt so voller Ungerechtigkeit ist, mag die Analyse von Privilegien Sie noch mehr entmutigen. Sie multipliziert die Formen von Ungerechtigkeit, die Sie beobachten werden. Aber sie kann Ihnen auch Ihre eigene politische Verortung in der Welt im Verhältnis zu verschiedenen Variablen verdeutlichen und Sie dazu anregen, Ihre Macht bewusster einzusetzen. Ich hoffe, jede:r kann den Schaden sehen, der anderen Menschen von den Inhaber:innen von Privilegien zugefügt wird, sowie den, den die Inhaber:innen selbst durch ihre eigene Dominanz erleiden. Die Beschäftigung mit Privilegien lehrt mich, dass träge Gespräche über *Race* nicht genug sind – die härteste und zugleich notwendigste Arbeit besteht darin, aktiv zu werden, um die rassistischen und ökonomischen Systeme zu schwächen, die mir so viele unverdiente Vorteile verschafft haben. Für mich bestand diese Aktivität hauptsächlich in der Mitentwicklung des National SEED Project on Inclusive Curriculum, das ich im letzten Teil dieses Buches beschreibe[1] und das in den vergangenen drei Jahrzehnten meines Lebens von zentraler Bedeutung gewesen ist.

Wenn Sie eine Person of Color sind, wird meine Arbeit zu weißen Privilegien Ihnen in gewisser Hinsicht nichts erzählen, was Sie nicht bereits wissen. Sie werden schon Ihr ganzes Leben lang von weißen Privilegien und deren Institutionen unterdrückt. Ich hoffe aber, dass meine Essays, oder auch die von James Baldwin, W.E.B. Du Bois, des

1 Der gemeinte Text ist nicht Bestandteil dieses Buches. Das SEED Project on Inclusive Curriculum (SEED = Seeking Educational Equity and Diversity) bildet Lehrkräfte aus, in ihren Institutionen Seminare für mehr Gerechtigkeit und Diversität zu leiten (Anm. d. Übers.).

Combahee River Collective, von Audre Lorde oder Ta-Nehisi Coates, Ihnen dabei helfen werden, noch mehr von dem zu benennen, was an Ihnen nagt, und in die Köpfe derer zu schauen, die sich für moralisch überlegen halten. Ich hoffe, meine Essays werden Sie darin bestätigen, dass Sie nicht verrückt sind und dass Black Lives Matter eine essentielle, längst überfällige Korrektur der durch ungeprüfte weiße Privilegien aufgestellten Behauptung ist, schwarze Leben würden nicht zählen.

Wenn Sie eine weiße Person sind, ist das Weißsein Ihre Festplatte, aber Sie können eine neue Software entwickeln. Ich hoffe, meine Analyse wird Ihnen verstehen helfen, dass People of Color, die man uns zu fürchten, zu beherrschen und geringzuschätzen gelehrt hat, mutig sind, wenn sie ihren Ärger ausdrücken und eine gerechtere Welt für uns alle verlangen. Ich hoffe, meine Analyse wird Sie als Weiße:n dabei unterstützen, Erfahrungen, die vollkommen anders sind als Ihre eigenen, zu verstehen, nachzuempfinden und zu respektieren.

Den Essay *Weiße Privilegien, Hautfarbe und Kriminalität* [siehe S. 70–88] schrieb ich 1998 als Reaktion auf die Empörung, die viele Weiße empfanden, als der berühmte afroamerikanische Sportler O. J. Simpson von der Anklage, seine Frau umgebracht zu haben, freigesprochen wurde. Ich hatte bereits miterlebt, wie viele Weiße von Verbrechen, derer sie beschuldigt worden waren, freigesprochen wurden, trotz überzeugender Beweise für ihre Schuld. Mir wurde bewusst, dass eines meiner weißen Privilegien darin bestand, dass andere (weiße) Menschen mir jegliche rechtliche Verteidigung zugestanden, die ich mir leisten konnte. Mein Essay *Weiße Privilegien, Hautfarbe und Kri-*

minalität liefert siebenunddreißig zusätzliche Beispiele für meine Privilegien in den Vereinigten Staaten im Zusammenhang mit Gerichtswesen, Polizei, Sicherheitssystemen und Recht. In vielerlei Hinsicht ist dieser Aufsatz über Hautfarbe und Kriminalität noch erschütternder als meine ersten Aufsätze über Privilegien, und zwar aufgrund der Macht des Rechtssystems, Menschen auf eine illegale und verfassungswidrige Weise zu zerstören. Die Gesetze werden auf ungerechte Weise genutzt, um das Eigentum und die Sicherheit weißer Menschen zu schützen. Viele People of Color führen ein Leben in Angst vor dem angeblichen Beschützer, als befänden sie sich in einer von Gewalt geprägten Beziehung mit einer Autoritätsperson – in der man jederzeit von dem Gewalttätigen umgebracht werden könnte. Die Black-Lives-Matter-Bewegung zeigt beispielhaft, wie man sich diesem Missbrauch entgegenstellen und versuchen kann, die Machtbeziehungen grundlegend zu ändern. Das Mantra der Bewegung betont die relative Benachteiligung von People of Color, wenn sie mit den Gerichten, der Polizei, den Sicherheitssystemen und dem Gesetz zu tun haben, soll heißen, mit Orten, an denen People of Color derzeit an erster Stelle als Bedrohungen »zählen« und erst an zweiter Stelle als Bürger:innen (wenn sie Glück haben). Die Organisation gegen Polizeigewalt braucht das Engagement weißer Menschen, die unsere Macht nutzen, um die Chancen auf Gerechtigkeit in allen Communitys zu erhöhen.

Viele fragen: »Was kann ich nun mit meinen weißen Privilegien anfangen?« Auf die Bitte der Saint Paul Foundation in Minnesota habe ich in dem Essay *Weiße Privilegien: ein Konto zum Ausgeben* [siehe S. 89–99] ein paar Antworten auf diese Frage formuliert. Die Stiftung organisierte in den neunziger Jahren eine beeindruckende Kampagne, um Rassismus in den Twin Citys [Minneapolis und Saint Paul] entgegenzuwirken. Man erklärte mir, Weiße bekämen bei der Lektüre meines Essays über weiße Privilegien ein schlechtes Gewissen und eine pessimistische Einstellung gegenüber den Vereinigten Staaten. Die Mitarbeiter:innen der Stiftung fragten mich, ob ich etwas schreiben könne, das mehr Bestärkung und Hoffnung vermittelt. Ich überschlief diese Frage und wurde am nächsten Morgen von einer neuen Metapher geweckt: Weiße Privilegien sind wie ein Bankkonto, das mir bei meiner Geburt geschenkt wurde. Ich kann es nutzen, um das System zu schwächen, das es mir geschenkt hat. Und weil es um weiße Privilegien geht, wird es sich immer wieder füllen. Ich werde also niemals pleitegehen, wenn ich etwas von meinem Bankkonto weißer Privilegien ausgebe. Ich lieferte sechzehn Beispiele für Maßnahmen, die ich ergriffen habe, um weiße Privilegien zu reduzieren und Macht gerechter zu verteilen. Dieser Aufsatz lässt sich gut an weiße Personen weiterreichen, die von weißen Privilegien erfahren haben und nun fragen: »Was kann ich tun?« Allerdings handelt er von meiner eigenen Situation, nicht von ihrer, und sollte als Aufruf gelesen werden, ihre eigenen Umstände zu reflektieren und dort anzusetzen.

Später kam die Saint Paul Foundation erneut auf mich zu und erklärte, sie wolle vierzigtausend Menschen in ihre Antirassismus-Workshops bekommen. Bislang waren es nur viertausend. Wieso meldeten sich nicht mehr weiße Menschen an? Ich schrieb *Wenn Weiße sich mit Race auseinandersetzen: die Mythen aufdecken, die Rassismus aufrechterhalten* [siehe S. 100–110]. Die meisten Weißen wollen die Mythen, die weißen Menschen Macht verleihen, nicht aufgeben. Jeder der von mir benannten fünf Mythen basiert auf meinen eigenen Erfahrungen mit kulturellen Mythologien im weißen Amerika. Jeder dieser Mythen unterstützt weiße Privilegien, weiße Dominanz oder weiße Vorherrschaft. Sie wahren bei weißen Menschen ein Gefühl von Tugendhaftigkeit und Normalität und sind tief in der weißen Psyche verankert.

Ich bin froh, die *Privilege Papers* geschrieben zu haben, und ich freue mich, wenn Menschen beschließen, sich an Diskussionen über Privilegien zu beteiligen. Ich habe gesehen, wie viele Diskussionen zu emotionalen, gesellschaftlichen, politischen, institutionellen, rechtlichen und kulturellen Veränderungen führten. Wenn Sie meine Arbeit verwenden, bitte ich Sie, meine Beispiele nicht aus dem Kontext zu reißen – es geht in ihnen um meine persönlichen Erfahrungen vor dem Hintergrund eines systemischen Rassismus. Legen Sie Ihre eigenen Listen an. Versuchen Sie, gleichzeitig sowohl die individuelle als auch die systemische Ebene im Blick zu behalten. Weißen Menschen rate ich, nicht in Selbstvorwürfe oder Scham- oder Schuldgefühle abzudriften. Sie brauchen eine gewisse Gelassenheit, um Ihre auf *Race* basierenden Vorteile unter die Lupe zu nehmen ohne dabei eine Verteidigungshaltung einzunehmen gegenüber dem, was sie als einen Angriff von jenen, die Privilegien beschreiben, empfinden mögen. Meine Arbeit soll dazu beitragen, dass wir besser verstehen, wie wir in den Systemen unserer Gesellschaft und von *Race* dort gelandet sind, wo wir heute stehen, und was wir alle mit unseren unverdienten Vorteilen tun können, um die Welt gerechter zu gestalten.

Ich wünsche allen Klarheit, während wir über unsere eigenen Vorteile und die Macht, die diese uns verleihen, nachdenken. Ich wünsche allen Mut zu gewissenhaftem und radikalem Handeln. Ich wünsche den Menschen aus marginalisierten Gruppen Selbstrespekt, Durchhaltevermögen und Überlebensfertigkeiten, wenn sie es mit so vielen anmaßenden Menschen zu tun haben, die noch nicht begreifen können, wie die Systeme von Privilegien und Macht in und um uns herum wirken.

Alles Liebe,
Peggy

1 Weiße Privilegien und männliche Privilegien: ein persönlicher Bericht über das Erkennen von Übereinstimmungen durch die Arbeit in den Women's Studies (1988)[1]

Bei meiner Arbeit daran, Materialien und Perspektiven aus den Women's Studies im Lehrplan unterzubringen, ist mir häufig aufgefallen, wie gern Männer übersehen, dass der Lehrplan sie bevorzugt, auch wenn sie durchaus zugeben mögen, dass er Frauen benachteiligt. Bei dem Thema, dass Männer aus der Benachteiligung von Frauen Vorteile haben, wird vieles geleugnet und damit letzten Endes tabuisiert. Dieses Leugnen verhindert, dass männliche Privilegien als solche anerkannt, eingestanden oder auch reduziert oder abgeschafft werden.

Ich dachte über das Phänomen uneingestandener männlicher Privilegien nach, das ein Eigenleben entwickelt hat, und kam zu dem Schluss: Da die Hierarchien in unserer Gesellschaft miteinander verknüpft sind, werden mit größter Wahrscheinlichkeit auch weiße Privilegien in ähnlicher Weise geleugnet und gewahrt, während sie sich ganz real auf den Alltag auswirken. Als weiße Person wurde mir bewusst, dass mir Rassismus zwar als etwas beigebracht worden war, das andere benachteiligt, dass mir jedoch nicht beigebracht worden war, auch eine seiner Begleiterscheinungen zu erkennen: die weißen Privilegien, die mir einen Vorteil verschafften.

1 Dieser Essay wurde ursprünglich veröffentlicht als McIntosh 1988.

Ich denke, Weiße werden sorgsam dazu erzogen, weiße Privilegien nicht zu sehen, genauso wie Männer dazu erzogen werden, männliche Privilegien nicht zu sehen. Daher begann ich mir ganz naiv die Frage zu stellen, was es bedeutet, weiße Privilegien zu haben. Dieser Aufsatz umfasst eine unvollständige Liste meiner persönlichen Beobachtungen, und ist keine wissenschaftliche Analyse. Er basiert auf meinen täglichen Erfahrungen in meiner eigenen Lebenssituation.

Mittlerweile sehe ich weiße Privilegien als ein unsichtbares Paket unverdienter Vorteile an, die ich jeden Tag genieße, von denen ich jedoch eigentlich gar nichts wissen soll. Weiße Privilegien sind wie ein unsichtbarer, federleichter Rucksack voller Sonderregeln, Versicherungen, Werkzeugen, Landkarten, Reiseführern, Codebüchern, Pässen, Visa, Kleidern, Kompassen, Notfallausrüstung und Blankoschecks.

In den Schwierigkeiten, die es mir bereitete, mich mit weißen Privilegien auseinanderzusetzen und ihre Auswirkungen auf mein Leben zu beschreiben, erkannte ich Parallelen zu dem Widerstreben der Männer, männliche Privilegien einzugestehen. Nur selten geht ein Mann über die Anerkennung der Tatsache, dass Frauen benachteiligt werden, hinaus und gesteht ein, dass Männer unverdiente Vorteile haben oder dass unverdiente Privilegien nicht gut für die Entwicklung der Männer oder für die Entwicklung der Gesellschaft sind oder dass Privilegiensysteme je angefochten und verändert werden könnten.

Ich werde an dieser Stelle verschiedene Arten oder Schichten des Leugnens ansprechen, die am Werk sind, wenn etablierte männliche Privilegien gewahrt werden und verhindert wird, dass mehr Menschen sich dieser bewusst werden. Im Anschluss werde ich anhand meiner eigenen Erfahrungen Parallelen ziehen zum Leugnen und damit Verschleiern der Realitäten weißer Privilegien. Schließlich werde ich sechsundvierzig gewöhnliche und alltägliche Beispiele dafür auflisten, wie ich selbst das Innehaben weißer Privilegien erlebe, gegenüber meinen afroamerikanischen Kolleginnen im selben Gebäude. Diese Liste ist nicht als verallgemeinerbar gedacht. Andere mögen ihre eigenen Listen basierend auf ihren eigenen Lebensumständen erstellen.

Das Verfassen dieses Papers ist mir schwergefallen, auch wenn die Vorträge, auf denen es basiert, freundlich aufgenommen wurden.[2] Denn das Beschreiben weißer Privilegien geht mit einer neuen Verantwortung einher. So, wie wir in den Women's Studies daran arbeiten, männliche Privilegien aufzudecken, und Männer dazu auffordern, etwas von ihrer Macht abzugeben, muss man sich, wenn man über weiße Privilegien schreibt, fragen: »Nachdem ich sie beschrieben habe, was werde ich nun tun, um sie zu reduzieren oder abzuschaffen?«

In den Diskussionen über die Änderung von Lehrplänen kennt das Leugnen des überprivilegierten Status von Männern viele Formen. Manche behaupten, Männer müssten in den Lehrplänen im Mittelpunkt stehen, da sie das meiste

2 Dieses Paper wurde im April 1986 bei der Konferenz der Virginia Women's Studies Association in Richmond, VA, und im Oktober 1986 bei der Konferenz der American Educational Research Association in Boston vorgestellt und im Frühling 1987 mit zwei Gruppen von Teilnehmer:innen in den Dodge Seminars for Secondary School Teachers in New York und Boston diskutiert.

von dem geleistet hätten, was für unser Leben oder für die Zivilisation wichtig oder besonders ist. Manche sehen den Sexismus im Lehrplan durchaus, bestreiten jedoch, dass er männlichen Studenten heutzutage eine unangemessene Bedeutung beimisst. Andere räumen zwar ein, dass bestimmte einzelne Denker eher das Männliche betonen, bestreiten jedoch die systemische Tendenz im jeweiligen Fach oder in der Erkenntnistheorie, Männern als Gruppe übermäßige Macht zu verleihen. Jene Männer, die zugestehen, dass männliche Privilegien institutionalisiert und tief verwurzelt sind, leugnen mit großer Wahrscheinlichkeit, dass die männliche Hegemonie ihnen persönlich Türen geöffnet hat. So gut wie alle Männer bestreiten, männliche Überbelohnung allein erkläre die zentrale Rolle von Männern in all den heiligen Hallen unserer mächtigsten Institutionen. Und von den wenigen, die zuzugeben bereit sind, dass männliche Privilegiensysteme ihnen selbst übermäßig viel Macht gegeben haben, bezweifeln am Ende die meisten, dass wir diese Privilegiensysteme einreißen könnten. Vielleicht versprechen sie noch, dass sie dazu beitragen werden, den Status von Frauen zu verbessern, ob allgemein oder speziell in der Universität, aber in diesem Zuge den Status von Männern zu verringern, das können oder wollen sie nicht. Sie erklären dann gern, sie bedauerten es, nichts von dieser interessanten neuen Forschung über Frauen in den Lehrplänen verwenden zu können, da diese bereits voll seien. Wenn die Diskussion in die Richtung geht, Männern weniger kulturellen Raum zu geben, neigen selbst die rücksichtsvollsten und unvoreingenommensten Männer, die ich kenne, zu einer konservativen Haltung und nennen die Unvermeidlichkeit der gegenwärtigen Genderbeziehungen und Machtaufteilung, wobei sie sich auf Tradition oder Soziobiologie und Psychobiologie berufen, um zu belegen, dass männliche Dominanz natürlich und eine unweigerliche Folge aus evolutionären Zwängen sei. Andere argumentieren »aus Erfahrung« oder mit Religion oder sozialer Verantwortung oder Wünschen und Träumen.

Nachdem ich durch die Arbeit an der Fakultätsentwicklung in den Women's Studies erkannt hatte, in welchem Ausmaß das Agieren von Männern auf uneingestandenen Privilegien basiert, habe ich verstanden, dass ein großer Teil ihres unterdrückerischen Verhaltens unbewusst stattfand. Dann erinnerte ich mich an die häufigen Vorwürfe von Frauen of Color, weiße Frauen, denen sie begegneten, seien unterdrückerisch. Ich begriff langsam, weshalb wir verdientermaßen als unterdrückerisch angesehen werden, auch wenn wir uns selbst nicht so sehen. Durch die Nichtwahrnehmung des eigenen privilegierten Status kann eine Person oder eine Gruppe für ihr Gegenüber zumindest ärgerlich sein. Ich begann, aufzulisten, inwiefern ich durch meine Hautfarbe unverdiente Privilegien genieße und darauf konditioniert worden bin, deren Existenz zu vergessen, um nicht zu sehen, dass sie mir in irgendeiner Form einen »Vorsprung« verschaffen oder meinen Leuten einen Vorsprung verschaffen, dass sie uns überbelohnen und paradoxerweise gleichzeitig schaden oder dass sie verändert werden könnten und sollten.

Meine Erziehung lehrte mich nicht, mich selbst als eine Unterdrückerin zu sehen, als eine ungerechterweise begünstigte Person oder als Teil einer verdorbenen Kultur. Mir wurde beigebracht, mich selbst als ein Individuum zu sehen, dessen Moral von seinem eigenen moralischen Willen abhängt. In der Schule mussten wir uns nicht tiefergehend mit der Sklaverei auseinandersetzen, und man brachte uns nicht bei, Sklavenhalter:innen als verdorbene Menschen anzusehen. Nur bei den Sklav:innen, so glaubte man, bestand die Gefahr, dass man ihnen ihre Menschlichkeit nimmt. Meine Erziehung folgte dem Muster, das Elizabeth Minnich aufgezeigt hat: Weißen wird beigebracht, ihr Leben als moralisch neutral, normativ und durchschnittlich sowie als vorbildlich zu betrachten, und wenn wir uns um das Wohl anderer bemühen, glauben wir, »ihnen« dadurch zu ermöglichen, mehr so zu werden wie »wir«.[3] Ich denke, viele von uns wissen, wie unerträglich eine solche Haltung bei Männern sein kann.

Nachdem ich also wegen der Männer, die männliche Privilegien nicht anerkennen wollten, frustriert war, beschloss ich, zumindest an mir selbst zu arbeiten, indem ich einige der alltäglichen Auswirkungen weißer Privilegien auf mein Leben ausmachte. Auch wenn es sich in diesem Stadium nur um eine grobe Skizze handelt, werde ich im Folgenden die besonderen Umstände und Bedingungen auflisten, in denen ich mich befinde und die ich mir nicht erarbeitet habe, sondern auf die ich, da es mir so vermittelt wurde, einen Anspruch zu haben glaubte durch Geburt, Staatsbürgerschaft und aufgrund der Tatsache, dass ich eine gewissenhafte, gesetzestreue, »normale« Person mit guten Absichten bin. Ich habe die Bedingungen ausgewählt, von denen ich denke, dass sie bei mir persönlich eher mit mei-

3 Von 1985 bis 1990 sprachen Minnich und McIntosh gemeinsam an einigen Colleges und Universitäten darüber, People of Color und Frauen in die Lehrpläne zu bringen. Während jener Unterhaltungen wies Minnich regelmäßig auf dieses Muster hin.

ner Hautfarbe als mit meinem gesellschaftlichem Status, meiner Religion, meiner Ethnizität oder meinem Wohnort zu tun haben, auch wenn diese anderen privilegierenden Faktoren eng miteinander verflochten sind. Wenn ich es richtig sehe, können meine afroamerikanischen Kolleginnen, Freundinnen und Bekannten, mit denen ich in dem hier beschriebenen Zeitraum, Ort und Arbeitsbereich täglich oder zumindest häufig in Kontakt bin, auf die meisten dieser Bedingungen nicht zählen:

1. Wenn ich es möchte, kann ich die meiste Zeit in der Gesellschaft von Menschen meiner eigenen *Race* verbringen.
2. Ich bin nicht gezwungen, Zeit mit Menschen zu verbringen, denen zu misstrauen mir beigebracht wurde und die gelernt haben, meinesgleichen oder mir zu misstrauen.
3. Sollte ich umziehen müssen, kann ich mir ziemlich sicher sein, Wohnraum in einer Gegend mieten oder kaufen zu können, die ich mir leisten kann und in der ich leben möchte.
4. Ich kann mir halbwegs sicher sein, dass meine Nachbar:innen an einem solchen Ort mich neutral oder freundlich behandeln werden.
5. Ich kann die meiste Zeit allein einkaufen gehen und mir dabei ziemlich sicher sein, nicht von Kaufhausdetektiv:innen verfolgt oder belästigt zu werden.
6. Ich kann den Fernseher einschalten oder die erste Seite der Zeitung aufschlagen und Menschen meiner *Race* stark vertreten und positiv dargestellt sehen.
7. Wenn man mir etwas über unser nationales Erbe oder

die »Zivilisation« erklärt, zeigt man mir, dass Menschen meiner Hautfarbe beides zu dem gemacht haben, was es ist.

8. Ich kann davon ausgehen, dass meine Kinder Unterrichtsmaterialien bekommen, die von der Existenz ihrer *Race* zeugen.
9. Wenn ich es möchte, finde ich, da kann ich mir ziemlich sicher sein, für diesen Text über weiße Privilegien einen Verlag.
10. In einer Gruppe, in der ich das einzige Mitglied meiner *Race* bin, kann ich mir recht sicher sein, dass meine Stimme Gehör finden wird.
11. Ich kann frei entscheiden, ob ich der Stimme einer anderen Frau in einer Gruppe, in der sie das einzige Mitglied ihrer *Race* ist, Gehör schenken möchte oder nicht.
12. Ich kann in eine Buchhandlung gehen und darauf vertrauen, dort Texte meiner *Race* vorzufinden; ich kann in einen Supermarkt gehen und finde dort die Grundnahrungsmittel meiner kulturellen Traditionen; ich kann in einen Friseursalon gehen und finde dort jemanden, der mit meinen Haaren zurechtkommt.
13. Ob ich Schecks, Kreditkarten oder Bargeld verwende: Ich kann darauf vertrauen, dass meine Hautfarbe nicht beeinflusst, ob ich finanziell zuverlässig wirke.
14. Ich konnte dafür sorgen, dass unsere Kinder, als sie klein waren, die meiste Zeit vor Menschen geschützt waren, die sie möglicherweise nicht mochten.
15. Ich musste meinen Kindern nicht beibringen, sich zum Schutz ihrer eigenen körperlichen Unversehrtheit tagtäglich des systemischen Rassismus bewusst zu sein.
16. Ich kann mir ziemlich sicher sein, dass die Lehrer:innen

und Arbeitgeber:innen meiner Kinder sie tolerieren werden, wenn sie den Normen von Schule und Arbeitsplatz entsprechen. Meine Hauptsorgen um sie betreffen nicht die Einstellungen anderer Menschen gegenüber ihrer *Race*.

17. Ich kann mit vollem Mund sprechen, ohne dass andere Menschen dies auf meine *Race* zurückführen.
18. Ich kann fluchen, Secondhandkleidung tragen oder Briefe nicht beantworten, ohne dass andere Menschen diese Entscheidungen dem schlechten Benehmen, der Armut oder dem Analphabetismus meiner *Race* zuschreiben.
19. Ich kann in der Öffentlichkeit vor einer Gruppe mächtiger Männer sprechen, ohne dass dabei meine *Race* beurteilt wird.
20. Ich kann mich in einer herausfordernden Situation gut schlagen, ohne als eine Ehre für meine *Race* bezeichnet zu werden.
21. Ich werde nie aufgefordert, für alle Menschen innerhalb der Gruppe meiner *Race* zu sprechen.
22. Ich muss nichts über die Sprache und die Gewohnheiten von People of Color wissen, obwohl sie die Mehrheit der Menschen auf der Welt ausmachen, und meine Ahnungslosigkeit diesbezüglich wird in meiner Kultur nicht bestraft.
23. Ich kann unsere Regierung kritisieren und darüber sprechen, wie sehr ich ihre Politik und ihr Verhalten fürchte, ohne als kulturelle Außenseiterin zu gelten.
24. Wenn ich darum bitte, mit »der zuständigen Person« zu sprechen, kann ich mir halbwegs sicher sein, einer Person meiner eigenen *Race* gegenüberzutreten.

25. Wenn ein:e Verkehrspolizist:in mich herauswinkt oder das Finanzamt meine Steuererklärung prüft, kann ich mir sicher sein, nicht aufgrund meiner *Race* herausgegriffen worden zu sein.
26. Ich finde ohne Probleme Poster, Postkarten, Bilderbücher, Grußkarten, Puppen, Spielsachen und Kinderzeitschriften, in denen Menschen meiner *Race* dargestellt werden.
27. Nach den meisten Versammlungen von Organisationen, denen ich angehöre, kann ich mit dem Gefühl nach Hause gehen, einigermaßen eingebunden zu sein statt isoliert, deplatziert, zahlenmäßig unterlegen, ungehört, auf Abstand gehalten oder gefürchtet.
28. Ich kann mir ziemlich sicher sein, dass ein Streit mit einer Kollegin einer anderen *Race* mit größerer Wahrscheinlichkeit ihre Aufstiegschancen gefährden wird als meine.
29. Ich kann mir relativ sicher sein, dass es mich in meinem derzeitigen Umfeld nicht viel kostet, wenn ich mich für die Beförderung einer Person einer anderen *Race* ausspreche oder für ein Programm, das *Race* in den Mittelpunkt stellt, selbst wenn meine Kolleg:innen mir widersprechen.
30. Ob ich nun behaupte, dass ein rassistisches Problem vorliegt, oder aber, dass keines vorliegt: Durch meine *Race* wird man mir bei jeder dieser beiden Behauptungen eher glauben als einer Person of Color.
31. Ich kann mich dafür entscheiden, Entwicklungen in den Schriften von Minderheiten und in aktivistischen Programmen von Minderheiten zu ignorieren und zu diskreditieren oder auch von ihnen zu lernen, aber in

beiden Fällen kann ich Wege finden, um mich mehr oder weniger vor negativen Auswirkungen meiner Entscheidung zu schützen.

32. Meine Kultur macht mir wenig Angst davor, die Perspektiven und Fähigkeiten von Menschen anderer *Races* zu ignorieren.
33. Mir wird nicht eingetrichtert, meine Figur, mein Auftreten oder mein Körpergeruch zeugten von meiner *Race*.
34. Ich kann mir Sorgen über Rassismus machen, ohne eigennützig oder selbstsüchtig zu wirken.
35. Ich kann einen Job bei einem Arbeitgeber mit einer Quotenregelung annehmen, ohne dass meine Kolleg:innen vermuten, ich habe ihn aufgrund meiner *Race* bekommen.
36. Wenn mein Tag, meine Woche oder mein Jahr mies läuft, muss ich mich nicht bei jeder negativen Episode oder Situation fragen, ob dabei Rassismus mitschwingt.
37. Ich kann mir ziemlich sicher sein, Menschen zu finden, die bereit sind, sich mit mir zu unterhalten und mir Rat zu meinen nächsten beruflichen Schritten zu geben.
38. Ich kann mir verschiedene gesellschaftliche, politische, fantasievolle oder berufliche Optionen überlegen, ohne mich fragen zu müssen, ob eine Person meiner *Race* akzeptiert oder ob ihr erlaubt werden würde, das zu tun, was sie tun möchte.
39. Ich kann zu spät zu einem Meeting erscheinen, ohne dass die Verspätung auf meine *Race* zurückfällt.
40. Ich kann eine Unterkunft buchen, ohne Angst zu haben, dass Menschen meiner *Race* an dem Ort, den ich

ausgewählt habe, nicht eingelassen oder schlecht behandelt werden.

41. Ich kann mir sicher sein, dass meine *Race* kein Nachteil für mich sein wird, wenn ich juristische oder medizinische Unterstützung benötige.
42. Ich kann meine Aktivitäten so organisieren, dass ich mich niemals aufgrund meiner *Race* abgelehnt fühlen muss.
43. Wenn ich als Führungskraft wenig glaubwürdig wirke, kann ich mir sicher sein, dass meine *Race* nicht das Problem ist.
44. Ich finde mit Leichtigkeit Studiengänge und Institutionen, die ausschließlich Personen meiner *Race* Aufmerksamkeit schenken.
45. Ich kann erwarten, dass Bildsprache und Symbolik in allen Künsten die Erfahrungen meiner *Race* widerspiegeln.
46. Ich finde Abdeckstifte und Pflaster »in Hautfarbe«, die mehr oder weniger zu meinem Hautton passen.

Meine einzelnen Erkenntnisse habe ich immer wieder vergessen, bis ich sie niederschrieb. Für mich haben sich weiße Privilegien als ein schwer fassbares und flüchtiges Thema erwiesen. Der Druck, ihm aus dem Weg zu gehen, ist hoch, denn wenn ich mich ihm stelle, muss ich den Mythos der Meritokratie aufgeben. Wenn diese Dinge wahr sind, dann ist das hier kein so freies Land, dann ist das eigene Leben nicht, was man daraus macht, und dann öffnen sich viele Türen für bestimmte Menschen ohne eigenes Zutun. Diese Erkenntnisse bedeuten auch, dass meine Moral nicht dem entspricht, was man mich hatte glauben lassen. Der Anschein, eine gute Bürgerin und keine Störenfriedin zu sein, hat hauptsächlich damit zu tun, dass sich mir aufgrund meiner Hautfarbe viele Türen automatisch öffnen.

Auch das Schweigen in der Literatur, das Privilegien wahrt, ist lähmend. Die deutlichsten Auseinandersetzungen damit habe ich in Lillian Smiths unvergleichlichem *Traumtöter* und in Margaret Andersens Rezension zu Karen und Mamie Fields' *Lemon Swamp* gefunden. Smith beschreibt beispielsweise, wie ihr auf der Straße Kinder of Color entgegenkamen, und sie wusste, dass diese in den Straßengraben ausweichen würden (Smith 1949 [dt. 1951]). Andersen stellt das Vergnügen, das sie als weißes Kind auf sommerlichen Autofahrten in den Süden empfand, Karen Fields' Erinnerungen gegenüber, in einem abgeschlossenen Auto zu fahren, das mit allem Notwendigen vollgepackt war, damit ihre Familie nicht, wäre sie zum Anhalten gezwungen, »Beleidigungen oder Schlimmeres« (Andersen 1984; Fields/Fields 1983) erleiden musste. Auch Adrienne Rich erkennt und beschreibt tägliche Erfahrungen von Privilegien, aber meiner Beobachtung nach schreiben weiße Frauen in diesem Themenumfeld weitaus öfter über systemischen Rassismus als über das alltägliche Erleben hellhäutiger Frauen.

Beim Auspacken dieses unsichtbaren Rucksacks voller weißer Privilegien habe ich die Bedingungen alltäglicher Erfahrungen aufgelistet, die ich einst für selbstverständlich, neutral, normal und allen Menschen universell zugänglich hielt, ebenso wie ich einst einen männlich ausgerichteten Lehrplan für neutral oder richtig hielt und für etwas, das alle repräsentiert. Ich kam auch nicht auf die Idee, dass irgendeines dieser Vorrechte schlecht für ihre Besitzer:innen sein könnte. Heute denke ich, dass wir eine feiner ausdifferenzierte Taxonomie der Privilegien benötigen, denn während einige dieser Punkte einfach das sind, was man sich in einer gerechten Gesellschaft für jede:n wünscht, berechtigen andere ihre:n Inhaber:in dazu, ignorant, selbstvergessen, arrogant und zerstörerisch zu agieren. Bevor ich eine etwas feiner abgestimmte Kategorisierung vorschlage, werde ich ein paar Beobachtungen über die allgemeinen Auswirkungen dieser Bedingungen auf mein Leben und meine Erwartungen anstellen.

Manche dieser bunt gemischten Privilegien sorgen dafür, dass ich mich in der Welt zu Hause fühle. Andere erlauben mir, Strafen oder Gefahren zu entgehen, die anderen drohen. Durch einige vermeide ich Furcht, Angst, Beleidigungen, Verletzungen oder das Gefühl, nicht willkommen, nicht real zu sein. Manche bewahren mich davor, mich verstecken und tarnen zu müssen, mich krank oder verrückt zu fühlen, jeden Vorgang aus der Position einer Außenseiterin zu verhandeln oder, innerhalb meiner Gruppe, als eine Person, der man unterstellt, zu enge Verbindungen zu einer dominanten Kultur zu haben. Die meisten bewahren mich vor dem Gefühl der Wut.

Ich erkenne ein Muster, das sich durch die Matrix der weißen Privilegien zieht, ein Muster aus Annahmen, die an mich als weiße Person weitergegeben wurden. Es gab ein primäres kulturelles Terrain, mein eigenes Terrain, und ich war unter denen, die dieses Terrain kontrollieren konnten. Ich konnte die kulturell bedingten Erwartungen erfüllen und die vielen Optionen, die ich um mich herum sah, nutzen, um das aus meinem Leben zu machen, was die weiße Kultur als Erfolg bezeichnen würde. *Meine Hautfarbe war ein Vorteil bei jedem Schritt, den man mir beigebracht hatte, gehen zu wollen.* Ich konnte mich in vielerlei Hinsicht als »dazugehörig« begreifen und davon ausgehen, dass die gesellschaftlichen Systeme für mich arbeiteten. Ich konnte alles, was sich außerhalb der vorherrschenden kulturellen Formen befand, nach Belieben herabsetzen, fürchten, vernachlässigen oder ignorieren. Da ich zur Hauptkultur gehörte, durfte ich diese auch ziemlich frei kritisieren. Mein Leben wurde mir oft genug gespiegelt, so dass ich mich in Bezug auf meine *Race*, wenn auch nicht in Bezug auf mein Geschlecht, wie einer von den echten Menschen fühlte.

Ob im Lehrplan oder in der Zeitung, im Fernsehen, im Wirtschaftssystem oder im Aussehen der meisten Menschen auf den Straßen, ich erhielt täglich Signale und Hinweise, dass meine Leute es waren, die zählten, und andere entweder nicht existierten oder versuchen mussten, wie Menschen meiner *Race* zu sein, wobei ihnen aber kein großer Erfolg beschieden war. Die Kultur gestattete es mir, die Stimmen von Menschen anderer *Races* zu überhören, ihnen nur wenig Aufmerksamkeit zu schenken oder halbherzig auf sie zu reagieren. Außerdem wurde ich so erzogen, dass mich das, was Menschen mit dunklerer Hautfarbe über meine Gruppe sagen mochten, nicht über Gebühr traf, und in meiner ökonomischen Schicht und gesellschaftlichen Gruppe hatte ich es nicht nötig, in gemischten Gruppen mit verschiedenen *Races* zu leben oder mir über Interaktionen zwischen Menschen unterschiedlicher *Races* Gedanken zu machen, auch wenn ich vielleicht präziser sagen sollte, dass es mir nicht erlaubt war.

In dem Maße, in dem meine *Race* selbstbewusst, sorglos und blind gegenüber anderen gemacht wurde, wurde mit großer Wahrscheinlichkeit zugleich dafür gesorgt, dass andere Gruppen sich unsicher, unbehaglich und entfremdet fühlten. Das Weißsein bewahrte mich vor vielen Formen von Anfeindungen, Bedrängnis und Gewalt, und im Gegenzug wurde mir subtil beigebracht, People of Color genau damit zu begegnen.

Aus diesem Grund finde ich den Begriff »Privilegien« mittlerweile irreführend. Er ist zu positiv konnotiert, um zu den Bedingungen und zu dem Verhalten zu passen, die von »Privilegiensystemen« geschaffen werden. Für gewöhnlich verstehen wir unter Privilegien Begünstigungen, ob sie nun verdient sind oder wir sie durch Geburt oder Glück genießen. Man erinnert Hochschulabsolvent:innen daran, dass sie privilegiert sind und ihre (beneidenswerten) Vorteile gut nutzen sollen. In dem Begriff »Privilegien« schwingt mit, sie seien etwas, das jede:r anstreben müsse. Allerdings führen einige der von mir beschriebenen Bedingungen dazu, dass bestimmten Gruppen systematisch zu viel Macht verliehen wird. Solche Privilegien verschaffen Dominanz und erlauben es, andere zu kontrollieren, einfach nur aufgrund der eigenen *Race* oder des eigenen Geschlechts. Die Art von Privilegien, die einigen Menschen gestattet, bestenfalls gedankenlos und schlimmstenfalls mörderisch zu handeln, sollte nicht länger als erstrebenswert angesehen werden. Nach solchen »Privilegien« mögen sich viele sehnen, ohne dass sie in irgendeiner Weise förderlich für die Gesellschaft als Ganzes sind.

Darüber hinaus mögen »Privilegien« zwar Macht verleihen, sie verleihen jedoch keine moralische Stärke. Diejenigen, die sich nicht auf eine ihnen übertragene Dominanz verlassen, verfügen über Eigenschaften und Qualitäten, die sich in denen, die es tun, womöglich nie herausbilden. In Seminaren in den Women's Studies wird darauf hingewiesen, dass das Überleben ihrer politischen Situation Frauen dazu befähigt, ein Leben zu führen, das die Menschheit zusammenhält. Auf ähnliche Weise überleben »unterprivilegierte« People of Color – die Mehrheit der Menschen auf der Welt – ihre Unterdrückung: Sie leben wie Überlebende, von denen die weiße globale Minderheit lernen kann und muss. Manche dominierten Gruppen sind dadurch, dass sie nicht über all diese unverdienten Vorteile verfügen, tatsächlich stark geworden, und damit haben sie allen anderen eine Menge beizubringen. Im Gegensatz dazu können Angehörige der sogenannten privilegierten Gruppen dumm, albern, kindisch oder gefährlich wirken.

Ich möchte also unterscheiden zwischen verdienter Stärke und unverdienter Macht, wie sie systematisch übertragen wird. Macht aus unverdienten Privilegien kann wie Stärke wirken, obwohl sie tatsächlich nur Flucht oder Dominanz erlaubt. Aber nicht alle Privilegien aus meiner Liste richten unweigerlich Schaden an. Einige von ihnen, wie die Erwartung, dass Nachbar:innen einen anständig behandeln oder dass die eigene *Race* einem vor Gericht nicht zum Nachteil wird, sollten in einer gerechten Gesellschaft die Norm sein und als Anrecht jedes Menschen angesehen werden. Andere, wie das Privileg, weniger mächtigen Menschen nicht zuhören zu müssen, entstellen die Menschlichkeit der Privilegierten ebenso wie die der ignorierten Gruppen. Wieder andere, wie das Privileg, überall die eigenen Grundnahrungsmittel zu finden, mögen eine Folge dessen sein, dass man zur zahlenmäßigen Mehrheit der Bevölkerung gehört. Andere haben damit zu tun, dass man nicht permanent mit negativen Stereotypen und Mythologien konfrontiert wird.

Wir könnten zumindest einmal damit beginnen, dass wir unterscheiden zwischen positiven Vorteilen, die wir so weit verbreiten können, bis sie überhaupt keine Vorteile mehr sind, sondern einfach Teil des normalen bürgerlichen Zusammenlebens, und negativen Vorteilen, die, wenn wir ihnen nicht entgegenwirken, auch in Zukunft Hierarchien verstärken werden. Beispielsweise fördert das positive »Privileg« der Zugehörigkeit, also das Gefühl, in den menschlichen Kreis zu gehören, wie es einige Native Americans ausdrücken, die Entwicklung und sollte nicht als Privileg für ein paar wenige angesehen werden. Sagen wir, es ist etwas, das niemand von uns sich erst verdienen sollte – idealerweise wäre es selbstverständlich. Gegenwärtig ist es jedoch, da nur wenige darüber verfügen, ein unverdienter Vorteil für diese. Das negative »Privileg«, dass mir die Kultur gestattete, meine dunkelhäutigeren Gegenüber nicht ernst zu nehmen, kann als willkürlich verliehene Dominanz angesehen werden und sollte für niemanden erstrebenswert sein. Dieses Paper resultiert aus einem Prozess, in dem ich erkannte, dass ein Teil der Macht, die ich ursprünglich für einen Menschen in den Vereinigten Staaten als gegeben angesehen hatte, darin bestand, dass ich über unverdiente Vorteile und übertragene Dominanz verfügte, neben anderen Arten von besonderen Umständen, die nicht allgemein vorausgesetzt werden können.

Beim Verfassen dieses Aufsatzes wurde mir auch klar, dass meine weiße Identität und mein Status als Weiße (ebenso wie meine Klassenzugehörigkeit und mein Klassenstatus) mir die beträchtliche Macht verleihen, zu entscheiden, ob ich dieses Thema und die damit einhergehenden Probleme zur Sprache bringen möchte. Ich kann frei wählen, ob ich mich entziehen und vermeiden und weghören und der Ablehnung, die ich durch diesen Essay bei anderen Menschen auslösen mag, ausweichen möchte, oder ob ich dazwischengehen, antworten, interpretieren, propagieren, korrigieren, kritisieren und in gewissem Maße kontrollieren möchte, wie die Reaktion darauf ausfällt. Mein Weißsein verleiht mir die beträchtliche Macht, vielen Formen von Gefahr oder Bestrafung zu entgehen sowie mir selbst auszusuchen, welche Risiken ich eingehen möchte.

Auch hier gibt es wieder eine Analogie zu den Women's Studies. Unsere männlichen Kollegen haben nicht viel zu verlieren, wenn sie die Women's Studies unterstützen, aber sie haben auch nicht viel zu verlieren, wenn sie sich ihnen entgegenstellen. Sie haben schlicht die Macht, zu entscheiden, ob sie sich für eine gerechtere Verteilung von Macht einsetzen möchten. Vermutlich werden sie kaum Sanktionen zu spüren bekommen, welche Wahl sie auch treffen, da sie kurzfristig nicht gefährdet zu sein scheinen, auch wenn die Verhaltensweisen, die bei ihnen belohnt werden, sie und uns alle in Gefahr bringen.

Bei meiner Arbeit in den Women's Studies sind mir nur sehr wenige Männer begegnet, die wirklich erschüttert sind über systemische, unverdiente männliche Vorteile und übertragene Dominanz. Eine Frage an mich und andere wie mich lautet also, ob wir wie sie sein werden, oder ob unverdiente, auf *Race* beruhende Vorteile und übertragene Dominanz uns wirklich erschüttern, ja empören werden und was wir in dem Fall tun werden, um diese zu verringern. In jedem Fall müssen wir größere Anstrengungen unternehmen, um herauszufinden, wie sie sich tatsächlich auf unseren Alltag auswirken. Wir benötigen mehr Texte, in denen sich Menschen sachlich mit diesen Tabuthemen auseinandersetzen. Wir benötigen ein besseres Verständnis dafür, wie weiße »Privilegien« weißen Menschen schaden, denn dies geschieht auf andere Weisen, als sie den ungerecht behandelten Menschen schaden. Eine verzerrte weiße Psyche ist ein untrennbarer Bestandteil des Ganzen, auch wenn ich die Arten von Schäden, die bei den Inhaber:innen besonderer Vorteile angerichtet werden, nicht mit denen bei den Menschen, die unter den Defiziten leiden, vermischen möchte. Viele, vielleicht die meisten unserer weißen Student:innen in den Vereinigten Staaten glauben, Rassismus habe keine Auswirkungen auf sie, weil sie selbst keine People of Color sind. Sie sehen »Weißsein« nicht als eine *Race*-Identität an. Gleichermaßen glauben viele Männer, dass die Women's Studies mit ihrem Leben nichts zu tun hätten, da sie selbst nicht weiblich sind. Sie verstehen sich nicht als Personen mit einer Genderidentität. Es wird also eine unserer Hauptaufgaben sein, darauf zu beharren, dass »Privilegiensysteme« eine universelle Tragweite haben, während eine weitere Aufgabe darin besteht, die speziellen Auswirkungen in einzelnen Kontexten expliziter zu benennen. Männer müssen sich uns bei dieser Arbeit anschließen.

Da *Race* und Geschlecht nicht die einzigen Begünstigungssysteme sind, müssen wir in ähnlicher Weise die alltäglichen Vorteile unter die Lupe nehmen, die unser Alter, unsere Ethnie, körperliche Fähigkeiten, unsere Nationalität, Religion oder sexuelle Orientierung mit sich bringen. Professor Marnie Evans meinte, die von mir zusammengestellte Liste ließe sich in vieler Hinsicht auch direkt auf heterosexuelle Privilegien anwenden.[4] Diese werden noch stärker tabuisiert als die *Race*-Privilegien: Heterosexuelle Privilegien bewirken in unserem Alltag auf verschiedene Weisen, dass manche Menschen sich sorgenfrei oder mächtig fühlen, und verteilen Unterstützung, Vorteile, Anerkennung und Belohnungen an diejenigen, die in heterosexuellen Paarbeziehungen leben oder leben werden. Dies zu beleuchten ist noch schwieriger, da heterosexuelle Vorteile und Dominanz noch tiefer verwurzelt und von noch strikteren Tabus umgeben sind.

An den Anfang einer solchen Analyse würde ich jedoch eine Beobachtung aus meiner eigenen Erfahrungswelt stellen: Die Tatsache, dass ich unter demselben Dach lebe wie ein Mann, führt in der Gesellschaft zu den verschiedensten Annahmen über meinen Wert, meine politische Einstellung, mein Leben und meine Wertvorstellungen und schenkt mir eine Menge unverdiente Vorteile und Macht. Ich würde mehrere Punkte aus meiner ursprünglichen Liste entsprechend umformulieren und dann noch weitere Bemerkungen wie diese hinzufügen:

1. Meine Kinder müssen keine Fragen darüber beantworten, weshalb ich mit meinem Partner (meinem Ehemann) zusammenlebe.
2. Ich finde leicht eine Nachbarschaft, in denen die Menschen unsere Hausgemeinschaft befürworten.

4 Evans gab McIntosh dieses Feedback, nachdem McIntosh im Jahr 1986 ihren Vortrag über weiße und männliche Privilegien gehalten hatte, vor der Veröffentlichung dieses Essays.

3. Unsere Kinder bekommen Texte und Unterrichtsstunden, die implizit unsere Art von Familieneinheit unterstützen und sie nicht gegen meine Wahl einer häuslichen Partnerschaft aufstacheln.
4. Ich kann allein oder mit meinem Mann verreisen, ohne von den Menschen, mit denen wir in Kontakt treten, Fremdscham oder Feindseligkeit befürchten zu müssen.
5. Die meisten Menschen, denen ich begegne, werden mein eheliches Arrangement als einen Gewinn für mein Leben betrachten oder zumindest denken, dass es für meine Liebenswürdigkeit, meine Kompetenz oder meine mentale Gesundheit spricht.
6. Ich kann von den gesellschaftlichen Anlässen eines Wochenendes berichten, ohne die Reaktionen der meisten Zuhörer:innen fürchten zu müssen.
7. Ich werde mich in den üblichen Bereichen des öffentlichen Lebens, institutionell wie gesellschaftlich, willkommen und »normal« fühlen.
8. In vielen Kontexten hält man mich in der täglichen Arbeit über Frauen für »in Ordnung«, da ich nicht hauptsächlich mit Frauen zusammenlebe.

Das Ziehen von Parallelen birgt viele Schwierigkeiten und Gefahren. Da Rassismus, Sexismus und Heterosexismus nicht dasselbe sind, sollten auch die Vorteile, die mit ihnen in Zusammenhang gebracht werden, nicht als ein und dasselbe angesehen werden. Außerdem fällt es schwer, Aspekte unverdienter Vorteile zu isolieren, die sich allein auf die soziale Schicht, die ökonomische Klasse, die *Race*, die Religion, die Region, das Geschlecht oder die ethnische Identität zurückführen lassen. Die Unterdrückungen sind verschieden und verzahnt zugleich, woran uns das Statement des Combahee River Collective aus dem Jahr 1977 immer wieder wortgewandt erinnert (Eisenstein 1978).[5]

Bei all den ineinandergreifenden Unterdrückungen scheint ein Faktor klar zu sein: Sie nehmen aktive Formen an, die wir sehen können, stecken aber auch in Konventionen, die man die Mitglieder der dominanten Gruppe zu übersehen lehrt. In meiner Schicht und Position sah ich mich selbst nicht als rassistisch, weil mir beigebracht worden war, Rassismus bestünde nur aus individuellen Akten der Bosheit von Mitgliedern meiner Gruppe, aber niemals in unsichtbaren Systemen, die meiner Gruppe von Geburt an eine auf *Race* basierende Dominanz übertragen. Gleichermaßen bringt man uns bei, zu glauben, Sexismus oder Heterosexismus werde nur fortgeführt durch bewusste individuelle Akte der Diskriminierung, Bosheit oder Grausamkeit und nicht in unsichtbaren Systemen, die bestimmten Gruppen unverdient Dominanz übertragen. Diese Systeme abzulehnen wird nicht genug sein, um sie zu verändern. Mir wurde beigebracht, zu glauben, der Rassismus könne enden, wenn weiße Individuen ihre Einstellungen änderten, und viele Männer glauben, Sexismus könne durch Änderungen ihres eigenen täglichen Verhaltens gegenüber Frauen aus der Welt geschafft werden. Aber das

5 Das Statement des Combahee River Collective wurde ursprünglich in Eisenstein 1978 veröffentlicht, ist aber auch als eigene Publikation der Kitchen Table Women of Color Press sowie in Combahee River Collective 1979 erschienen, worin auch ein Brief von Barbara Smith enthalten ist, der bestätigt, dass die erste Veröffentlichung tatsächlich Eisenstein zugeschrieben werden kann. Siehe auch Hull/Scott/Smith 1982 und Smith 1983.

Geschlecht eines Mannes verschafft ihm Vorteile, ob er nun befürwortet, wie seiner Gruppe Dominanz übertragen wurde, oder nicht. In den Vereinigten Staaten öffnet eine »weiße« Haut Weißen viele Türen, ob wir nun befürworten, wie uns Dominanz übertragen wurde, oder nicht. Individuelles Handeln kann diese Probleme lindern, aber es kann sie nicht lösen. Um gesellschaftliche Systeme umzugestalten, müssen wir zunächst ihre gewaltigen ungesehenen Dimensionen anerkennen. Das Verschweigen und Leugnen der Privilegien ist hier das entscheidende politische Werkzeug. Es bewirkt, dass das Denken über Gleichheit oder Gerechtigkeit unvollständig bleibt, und bewahrt unverdiente Vorteile und übertragene Dominanz, indem es daraus Tabuthemen macht. Wenn Weiße über Chancengleichheit reden, scheint es mir meistens um Chancengleichheit bei dem Versuch zu gehen, selbst in eine dominante Position zu gelangen, während die Existenz von Dominanzsystemen geleugnet wird.

In den Vereinigten Staaten sorgt man dafür, dass die Nichtwahrnehmung weißer Vorteile wie auch die Nichtwahrnehmung männlicher Vorteile tief verwurzelt bleibt, um den Mythos der Meritokratie aufrechtzuerhalten, den Mythos, demokratische Entscheidungen seien für alle Menschen gleichermaßen zugänglich. Die Menschen sollen nicht erkennen, dass die Freiheit selbstsicheren Handelns nur für eine kleine Anzahl von Menschen gilt, um die Macht ebendieser zu stützen und dafür zu sorgen, dass die Macht auch in den Händen derselben Gruppen bleibt, die bereits den größten Teil davon besitzen. Auch wenn systemischer Wandel mehrere Jahrzehnte dauert, stellen sich mir und wahrscheinlich auch manchen anderen wie mir drängende Fragen, wenn wir unser tägliches Bewusstsein für die Vergünstigungen schärfen, die eine helle Haut mit sich bringt. Was werden wir mit diesem Wissen tun? Wie wir aus der Beobachtung von Männern erfahren, ist es noch ungewiss, ob wir uns dafür entscheiden werden, unsere unverdienten Vorteile zu nutzen, um unsichtbare Privilegiensysteme zu schwächen, und ob wir etwas von der uns willkürlich geschenkten Macht nutzen werden, um zu versuchen, die Machtsysteme auf einer breiteren Basis umzustrukturieren.

2 Weiße Privilegien: den unsichtbaren Rucksack auspacken (1989)[1]

Bei meiner Arbeit daran, Materialien und Perspektiven aus den Women's Studies im Lehrplan unterzubringen, ist mir häufig aufgefallen, wie gern Männer übersehen, dass der Lehrplan sie bevorzugt, auch wenn sie durchaus zugeben mögen, dass er Frauen benachteiligt. Vielleicht versprechen sie noch, dass sie dazu beitragen werden, den Status von Frauen zu verbessern, ob allgemein oder speziell in der Universität, aber in diesem Zuge den Status von Männern verringern, das können oder wollen sie nicht. Bei dem Thema, dass Männer aus der Benachteiligung von Frauen Vorteile haben, wird vieles verleugnet und damit letzten Endes tabuisiert. Dieses Leugnen verhindert, dass männliche Privilegien als solche eingestanden oder auch reduziert oder abgeschafft werden.

Ich dachte über das Phänomen uneingestandener männlicher Privilegien nach, das ein Eigenleben entwickelt hat, und kam zu dem Schluss: Da die Hierarchien in unserer Gesellschaft miteinander verknüpft sind, werden mit größter Wahrscheinlichkeit auch weiße Privilegien in ähnlicher Weise geleugnet und gewahrt. Als weiße Person wurde mir bewusst, dass mir Rassismus zwar als etwas beigebracht worden war, das andere benachteiligt, dass mir jedoch

1 1989 erlaubte McIntosh Roberta Spivek, »Weiße Privilegien und männliche Privilegien« (McIntosh 1988) für die Juli/August-1989-Ausgabe von *Peace and Freedom*, der Zeitschrift der Women's International League for Peace and Freedom, zu verdichten.

nicht beigebracht worden war, auch eine seiner Begleiterscheinungen zu erkennen: die weißen Privilegien, die mir einen Vorteil verschafften.

Ich denke, Weiße werden sorgsam dazu erzogen, weiße Privilegien nicht zu sehen, genauso wie Männer dazu erzogen werden, männliche Privilegien nicht zu sehen. Daher begann ich mir ganz naiv die Frage zu stellen, was es bedeutet, weiße Privilegien zu haben. Mittlerweile sehe ich weiße Privilegien als ein unsichtbares Paket unverdienter Vorteile an, die ich jeden Tag genieße, von denen ich jedoch eigentlich gar nichts wissen soll. Weiße Privilegien sind wie ein unsichtbarer, federleichter Rucksack voller Sonderregeln, Landkarten, Pässen, Codebüchern, Visa, Kleidern, Werkzeugen und Blankoschecks.

Das Beschreiben weißer Privilegien geht mit einer neuen Verantwortung einher. So, wie wir in den Women's Studies daran arbeiten, männliche Privilegien aufzudecken, und Männer auffordern, etwas von ihrer Macht abzugeben, muss man sich, wenn man über weiße Privilegien schreibt, fragen: »Nachdem ich sie beschrieben habe, was werde ich nun tun, um sie zu reduzieren oder abzuschaffen?«

Nachdem ich erkannt hatte, in welchem Ausmaß das Agieren von Männern auf uneingestandenen Privilegien basiert, habe ich verstanden, dass ein großer Teil ihres unterdrückerischen Verhaltens unbewusst stattfand. Dann erinnerte ich mich an die häufigen Vorwürfe von Frauen of Color, weiße Frauen, denen sie begegneten, seien unterdrückerisch.

Ich begriff langsam, weshalb wir verdientermaßen als unterdrückerisch angesehen werden, auch wenn wir uns selbst nicht so sehen. Ich begann, aufzulisten, inwiefern ich durch meine Hautfarbe unverdiente Privilegien genieße und darauf konditioniert worden bin, deren Existenz zu vergessen.

Mir war beigebracht worden, Rassismus bestünde nur aus individuellen Akten der Bosheit, nicht in unsichtbaren Systemen, die meiner Gruppe Dominanz übertragen.

Meine Erziehung lehrte mich nicht, mich selbst als eine Unterdrückerin zu sehen, als eine ungerechterweise begünstigte Person oder als Teil einer verdorbenen Kultur. Mir wurde beigebracht, mich selbst als ein Individuum zu sehen, dessen Moral von seinem eigenen moralischen Willen abhängt. Meine Erziehung folgte dem Muster, das Elizabeth Minnich aufgezeigt hat: Weißen wird beigebracht, ihr Leben als moralisch neutral, normativ und durchschnittlich sowie als vorbildlich zu betrachten, und wenn wir uns um das Wohl anderer bemühen, glauben wir, »ihnen« dadurch zu ermöglichen, mehr so zu werden wie »wir«.[2]

Ich beschloss, zumindest an mir selbst zu arbeiten, indem ich einige der alltäglichen Auswirkungen weißer Privilegien auf mein Leben ausmachte. Ich habe die Bedingungen ausgewählt, von denen ich denke, dass sie bei mir persönlich eher mit meiner Hautfarbe zu tun haben als mit meinem gesellschaftlichen Status, meiner Religion, meiner Ethnizität oder meinem Wohnort, auch wenn diese anderen privilegierenden Faktoren eng miteinander verflochten sind. Wenn ich es richtig sehe, können meine afroamerikanischen Kolleginnen, Freundinnen und Bekannten, mit

2 Von 1985 bis 1990 sprachen Minnich und McIntosh gemeinsam an einigen Colleges und Universitäten darüber, People of Color und Frauen in die Lehrpläne zu bringen. Während jener Unterhaltungen wies Minnich regelmäßig auf dieses Muster hin.

denen ich in dem hier beschriebenen Zeitraum, Ort und Arbeitsbereich täglich oder zumindest häufig in Kontakt bin, auf die meisten dieser Bedingungen nicht zählen:

1. Wenn ich es möchte, kann ich die meiste Zeit in der Gesellschaft von Menschen meiner eigenen *Race* verbringen.
2. Sollte ich umziehen müssen, kann ich mir ziemlich sicher sein, Wohnraum in einer Gegend mieten oder kaufen zu können, die ich mir leisten kann und in der ich leben möchte.
3. Ich kann mir halbwegs sicher sein, dass meine Nachbar:innen an einem solchen Ort mich neutral oder freundlich behandeln werden.
4. Ich kann die meiste Zeit allein einkaufen gehen und mir dabei ziemlich sicher sein, nicht verfolgt oder belästigt zu werden.
5. Ich kann den Fernseher einschalten oder die erste Seite der Zeitung aufschlagen und Menschen meiner *Race* stark vertreten sehen.
6. Wenn man mir etwas über unser nationales Erbe oder die »Zivilisation« erklärt, zeigt man mir, dass Menschen meiner Hautfarbe beides zu dem gemacht haben, was es ist.
7. Ich kann davon ausgehen, dass meine Kinder Unterrichtsmaterialien bekommen, die von der Existenz ihrer *Race* zeugen.
8. Wenn ich es möchte, finde ich, da kann ich mir ziemlich sicher sein, für diesen Text über weiße Privilegien einen Verlag.
9. Ich kann in einen Plattenladen gehen und sicher sein,

dort die Musik meiner *Race* repräsentiert zu finden; ich kann in einen Supermarkt gehen und finde dort die Grundnahrungsmittel meiner kulturellen Traditionen; ich kann in einen Friseursalon gehen und finde dort jemanden, der mir die Haare schneiden kann.

10. Ob ich Schecks, Kreditkarten oder Bargeld verwende: Ich kann darauf vertrauen, dass meine Hautfarbe nichts damit zu tun hat, ob ich finanziell zuverlässig wirke.
11. Ich kann dafür sorgen, dass meine Kinder die meiste Zeit vor Menschen geschützt sind, die sie möglicherweise nicht mögen.
12. Ich kann fluchen, Secondhandkleidung tragen oder Briefe nicht beantworten, ohne dass andere Menschen diese Entscheidungen dem schlechten Benehmen, der Armut oder dem Analphabetismus meiner *Race* zuschreiben.
13. Ich kann in der Öffentlichkeit zu einer Gruppe mächtiger Männer sprechen, ohne dass dabei meine *Race* beurteilt wird.
14. Ich kann mich in einer herausfordernden Situation gut schlagen, ohne als eine Ehre für meine *Race* bezeichnet zu werden.
15. Ich werde nie aufgefordert, für alle Menschen innerhalb der Gruppe meiner *Race* zu sprechen.
16. Ich muss nichts über die Sprache und die Gewohnheiten von People of Color wissen, auch wenn sie die Mehrheit der Menschen auf der Welt ausmachen, und meine Ahnungslosigkeit diesbezüglich wird in meiner Kultur nicht bestraft.
17. Ich kann unsere Regierung kritisieren und darüber sprechen, wie sehr ich ihre Politik und ihr Verhalten fürchte, ohne als kulturelle Außenseiterin zu gelten.

18. Wenn ich darum bitte, mit »der zuständigen Person« zu sprechen, kann ich mir halbwegs sicher sein, einer Person meiner eigenen *Race* gegenüberzutreten.
19. Wenn ein:e Verkehrspolizist:in mich herauswinkt oder das Finanzamt meine Steuererklärung prüft, kann ich mir sicher sein, nicht aufgrund meiner *Race* herausgegriffen worden zu sein.
20. Ich finde ohne Probleme Poster, Postkarten, Bilderbücher, Grußkarten, Puppen, Spielsachen und Kinderzeitschriften, in denen Menschen meiner *Race* dargestellt werden.
21. Nach den meisten Versammlungen von Organisationen, denen ich angehöre, kann ich mit dem Gefühl nach Hause gehen, einigermaßen eingebunden zu sein statt isoliert, deplatziert, zahlenmäßig unterlegen, ungehört, auf Abstand gehalten oder gefürchtet.
22. Ich kann einen Job bei einem Arbeitgeber mit einer Quotenregelung annehmen, ohne dass meine Kolleg:innen vermuten, ich habe ihn aufgrund meiner *Race* bekommen.
23. Ich kann eine Unterkunft buchen, ohne Angst zu haben, dass Menschen meiner *Race* an dem Ort, den ich ausgewählt habe, nicht eingelassen oder schlecht behandelt werden.
24. Ich kann mir sicher sein, dass meine *Race* kein Nachteil für mich sein wird, wenn ich juristische oder medizinische Unterstützung benötige.
25. Wenn mein Tag, meine Woche oder mein Jahr mies läuft, muss ich mich nicht bei jeder negativen Episode oder Situation fragen, ob dabei Rassismus mitschwingt.

26. Ich finde Abdeckstifte und Pflaster »in Hautfarbe«, die mehr oder weniger zu meinem Hautton passen.

Meine einzelnen Erkenntnisse habe ich immer wieder vergessen, bis ich sie niederschrieb. Für mich haben sich weiße Privilegien als ein schwer fassbares und flüchtiges Thema erwiesen. Der Druck, ihm aus dem Weg zu gehen, ist hoch, denn wenn ich mich ihm stelle, muss ich den Mythos der Meritokratie aufgeben. Wenn diese Dinge wahr sind, dann ist das hier kein so freies Land, dann ist das eigene Leben nicht, was man daraus macht, und dann öffnen sich viele Türen für bestimmte Menschen ohne eigenes Zutun.

Beim Auspacken dieses unsichtbaren Rucksacks voller weißer Privilegien habe ich die Bedingungen alltäglicher Erfahrungen aufgelistet, die ich einst für selbstverständlich hielt. Ich kam auch nicht auf die Idee, dass irgendeines dieser Vorrechte schlecht für ihre Besitzer:innen sein könnte. Heute denke ich, dass wir eine feiner ausdifferenzierte Taxonomie der Privilegien benötigen, denn während einige dieser Punkte einfach das sind, was man sich in einer gerechten Gesellschaft für jede:n wünscht, berechtigen andere ihre:n Inhaber:in dazu, ignorant, selbstvergessen, arrogant und zerstörerisch zu agieren.

Ich erkenne ein Muster, das sich durch die Matrix der weißen Privilegien zieht, ein Muster aus Annahmen, die an mich als weiße Person weitergegeben wurden. Es gab ein primäres kulturelles Terrain, mein eigenes Terrain, und ich war unter denen, die dieses Terrain kontrollieren konnten. *Meine Hautfarbe war ein Vorteil bei jedem Schritt, den man mir beigebracht hatte, gehen zu wollen.* Ich konnte mich in vielerlei Hinsicht als »dazugehörig« begreifen und davon ausgehen, dass die gesellschaftlichen Systeme für mich arbeiteten. Ich konnte alles, was sich außerhalb der vorherrschenden kulturellen Formen befand, nach Belieben herabsetzen, fürchten, vernachlässigen oder ignorieren. Da ich zur Hauptkultur gehörte, durfte ich diese auch ziemlich frei kritisieren.

In dem Maße, in dem meine *Race* selbstbewusst, sorglos und blind gegenüber anderen gemacht wurde, wurde mit großer Wahrscheinlichkeit zugleich dafür gesorgt, dass andere Gruppen sich unsicher, unbehaglich und entfremdet fühlten. Das Weißsein bewahrte mich vor vielen Formen von Anfeindungen, Bedrängnis und Gewalt, und im Gegenzug wurde mir subtil beigebracht, People of Color genau damit zu begegnen.

Aus diesem Grund finde ich den Begriff »Privilegien« mittlerweile irreführend. Für gewöhnlich verstehen wir unter Privilegien Begünstigungen, ob sie nun verdient sind oder wir sie durch Geburt oder Glück genießen. Allerdings führen einige der von mir beschriebenen Bedingungen dazu, dass bestimmten Gruppen systematisch zu viel Macht verliehen wird. Solche Privilegien verschaffen Dominanz und erlauben es, andere zu kontrollieren, einfach nur aufgrund der eigenen *Race* oder des eigenen Geschlechts.

Ich möchte also unterscheiden zwischen verdienter Stärke und unverdienter Macht, wie sie systematisch übertragen wird. Macht aus unverdienten Privilegien kann wie Stärke wirken, obwohl sie tatsächlich nur Flucht oder Dominanz erlaubt. Aber nicht alle Privilegien aus meiner Liste richten unweigerlich Schaden an. Einige von ihnen, wie die Erwartung, dass Nachbar:innen einen anständig behandeln oder dass die eigene *Race* einem vor Gericht nicht zum Nachteil wird, sollten in einer gerechten Gesellschaft die Norm sein. Andere, wie das Privileg, weniger mächtigen Menschen nicht zuhören zu müssen, entstellen die Menschlichkeit der Privilegierten ebenso wie die der ignorierten Gruppen.

Wir könnten zumindest einmal damit beginnen, dass wir unterscheiden zwischen positiven Vorteilen, die wir zu verbreiten versuchen können, und negativen Vorteilen, die, wenn wir ihnen nicht entgegenwirken, auch in Zukunft Hierarchien verstärken werden. Beispielsweise sollte das Gefühl, in den menschlichen Kreis zu gehören, wie es einige Native Americans ausdrücken, nicht als Privileg für ein paar wenige angesehen werden. Idealerweise ist es selbstverständlich. Gegenwärtig ist es jedoch, da nur wenige darüber verfügen, ein unverdienter Vorteil für diese. Dieses Paper resultiert aus einem Prozess, in dem ich erkannte, dass ein Teil der Macht, die ich ursprünglich für einen Menschen in den Vereinigten Staaten als gegeben angesehen hatte, darin bestand, dass ich über unverdiente Vorteile und übertragene Dominanz verfügte.

Die Frage lautet: »Nachdem ich weiße Privilegien beschrieben habe, was werde ich tun, um sie abzuschaffen?«

Mir sind nur sehr wenige Männer begegnet, die wirklich erschüttert sind über systemische, unverdiente männliche Vorteile und übertragene Dominanz. Eine Frage an mich und andere wie mich lautet also, ob wir wie sie sein werden, oder ob unverdiente, auf *Race* beruhende Vorteile und übertragene Dominanz uns wirklich erschüttern, ja empören werden, und was wir in dem Fall tun werden, um diese zu verringern. In jedem Fall müssen wir größere Anstrengungen unternehmen, um herauszufinden, wie sie sich tatsächlich auf unseren Alltag auswirken. Viele, vielleicht die meisten unserer weißen Student:innen in den Vereinigten Staaten glauben, Rassismus habe keine Auswirkungen auf sie, weil sie selbst keine People of Color sind. Sie sehen »Weißsein« nicht als eine *Race*-Identität an. Da *Race* und Geschlecht nicht die einzigen Begünstigungssysteme sind, müssen wir in ähnlicher Weise die alltäglichen Vorteile unter die Lupe nehmen, die unser Alter, unsere Ethnie, körperliche Fähigkeiten, unsere Nationalität, Religion oder sexuelle Orientierung mit sich bringen.

Das Ziehen von Parallelen birgt viele Schwierigkeiten und Gefahren. Da Rassismus, Sexismus und Heterosexismus nicht dasselbe sind, sollten auch die Vorteile, die mit ihnen in Zusammenhang gebracht werden, nicht als ein und dasselbe angesehen werden. Außerdem fällt es schwer, Aspekte unverdienter Vorteile zu isolieren, die sich eher auf die soziale Schicht, die ökonomische Klasse, die *Race*, die Religion, die Region, das Geschlecht oder die ethnische Identität zurückführen lassen als auf andere Faktoren. Dennoch sind all die Unterdrückungen miteinander verzahnt, woran uns das Statement des Combahee River Collective aus dem Jahr 1977 immer wieder wortgewandt erinnert (Eisenstein 1978).[3]

Bei all den ineinandergreifenden Unterdrückungen scheint ein Faktor klar zu sein: Sie nehmen aktive Formen

3 Das Statement des Combahee River Collective wurde ursprünglich in Eisenstein 1978 veröffentlicht, ist aber auch als eigene Publikation der Kitchen Table Women of Color Press sowie in Combahee River Collective 1979 erschienen, worin auch ein Brief von Barbara Smith enthalten ist, der bestätigt, dass die erste Veröffentlichung tatsächlich Eisenstein zugeschrieben werden kann. Siehe auch Hull/Scott/Smith 1982 und Smith 1983.

an, die wir sehen können, stecken aber auch in Konventionen, die man die Mitglieder der dominanten Gruppe zu übersehen lehrt. In meiner Schicht und Position sah ich mich selbst nicht als rassistisch, weil mir beigebracht worden war, Rassismus bestünde nur aus individuellen Akten der Bosheit von Mitgliedern meiner Gruppe, aber niemals in unsichtbaren Systemen, die meiner Gruppe von Geburt an eine auf *Race* basierende Dominanz übertragen.

Diese Systeme abzulehnen wird nicht genug sein, um sie zu verändern. Mir wurde beigebracht, zu glauben, der Rassismus könne enden, wenn weiße Individuen ihre Einstellungen änderten. Aber in den Vereinigten Staaten öffnet eine »weiße« Haut Weißen viele Türen, ob wir nun befürworten, wie uns Dominanz übertragen wurde, oder nicht. Individuelles Handeln kann diese Probleme lindern, aber es kann sie nicht lösen.

Um gesellschaftliche Systeme umzugestalten, müssen wir zunächst ihre gewaltigen ungesehenen Dimensionen anerkennen. Das Verschweigen und Leugnen der Privilegien ist hier das entscheidende politische Werkzeug. Es bewirkt, dass das Denken über Gleichheit oder Gerechtigkeit unvollständig bleibt, und wahrt unverdiente Vorteile und übertragene Dominanz, indem es daraus Tabuthemen macht. Wenn Weiße über Chancengleichheit reden, scheint es mir meistens um Chancengleichheit bei dem Versuch zu gehen, selbst in eine dominante Position zu gelangen, während die Existenz von Dominanzsystemen geleugnet wird.

Wie mir scheint, sorgt man in den Vereinigten Staaten dafür, dass die Nichtwahrnehmung weißer Vorteile wie auch die Nichtwahrnehmung männlicher Vorteile tief verwurzelt bleibt, um den Mythos der Meritokratie aufrechtzuerhalten, den Mythos, demokratische Entscheidungen seien für alle Menschen gleichermaßen zugänglich. Die Menschen sollen nicht erkennen, dass die Freiheit selbstsicheren Handelns nur für eine kleine Anzahl von Menschen gilt, um die Macht ebendieser zu stützen und dafür zu sorgen, dass die Macht auch in den Händen derselben Gruppen bleibt, die bereits den größten Teil davon besitzen.

Auch wenn systemischer Wandel mehrere Jahrzehnte dauert, stellen sich mir und wahrscheinlich auch manchen anderen wie mir, wenn wir unser tägliches Bewusstsein für die Vergünstigungen schärfen, die eine helle Haut mit sich bringt, drängende Fragen. Was werden wir mit diesem Wissen tun? Wie wir aus der Beobachtung von Männern erfahren, ist es noch ungewiss, ob wir uns dafür entscheiden werden, unsere unverdienten Vorteile zu nutzen, um unsichtbare Vorteilssysteme zu schwächen, und ob wir etwas von der uns willkürlich geschenkten Macht nutzen werden, um zu versuchen, die Machtsysteme auf einer breiteren Basis umzustrukturieren.

3 Ein paar Anmerkungen zur Vermittlung meiner *White Privilege Papers* (2004/18)[1]

In meiner Arbeit geht es nicht um Vorwürfe, Scham, Schuld oder darum, ob jemand ein »netter Mensch« ist oder nicht. Es geht darum, Dinge, die sich der eigenen Kontrolle entziehen, unter die Lupe zu nehmen, sie zu erkennen, um dann systemisch wie auch auf sich selbst bezogen darüber nachzudenken. Es geht darum, Privilegien wahrzunehmen, gewissermaßen die positive Kehrseite der Unterdrückung und Diskriminierung. Es geht um unverdiente Vorteile, die einen vor einer bestimmten Form der Diskriminierung bewahren.

Bitte verallgemeinern Sie meine Aufsätze nicht. Es geht in ihnen um meine persönlichen Erfahrungen, nicht um die Erfahrungen aller Weißen zu allen Zeiten an allen Orten und unter allen Umständen. So schreibe ich es auch in jedem der Papers in einer Vorbemerkung zu den Beispielen, die häufig die Befürchtung von Weißen entkräftet, sie würden in dem Text über weiße Privilegien als rassistisch bezeichnet.

Bitte belassen sie die »Listen« in ihren autobiographischen Kontexten. Es ist eine Frage der wissenschaftlichen Integrität und Genauigkeit, nicht mehr zu behaupten, als ich schreibe. Ich habe meine eigenen Umstände mit denen einiger Afroamerikanerinnen verglichen, mit denen ich zu-

1 Dieser Essay wurde ursprünglich 2004 als Ergänzung zu McIntosh 1988 und McIntosh 1989 gedruckt. Die vorliegende Version ist das Ergebnis mehrerer Überarbeitungen und Aktualisierungen zwischen 2004 und 2018.

sammenarbeitete. Wer diesen Umstand klar benennt, wird sich als Vermittler:in auszeichnen. Sagen Sie: »Dies stammt von einer einzelnen weißen Frau, die in ihrer Zeit, in ihrem Umfeld und an ihrer Arbeitsstelle erkennt, dass sie weiß ist ... Sie schreibt über sich selbst, nicht über Sie.«

Die Arbeit funktioniert am besten, wenn Sie die persönlichen Erfahrungen der Teilnehmer:innen als Ausgangsbasis nehmen statt deren Meinungen. Bei Meinungen kommt man schnell ins Diskutieren; wird hingegen von Erfahrungen berichtet, lädt dies zum Zuhören ein. Meinungen führen oftmals zu Konflikten, während geteilte Erfahrungen meist Neugier und Mitgefühl erzeugen. Sollten Teilnehmer:innen von Erfahrungsberichten zu Meinungsäußerungen abschweifen, holen Sie sie zurück. Beachten Sie, dass die akademischen Konventionen abstraktes Argumentieren fördern und nicht das Berichten eigener Erfahrungen.

Zum Erkunden von Privilegien eignet sich die Methode »Serial Testimony« [wörtlich: »aufeinanderfolgende Aussagen«]: Der Reihe nach darf jede:r Teilnehmer:in für beispielsweise eine Minute, die gestoppt wird, reden, ohne unterbrochen zu werden. Ich nenne dieses Vorgehen »eine autokratische Verwaltung von Zeit im Dienst einer demokratischen Verteilung von Zeit«. Ohne Uhr oder Timer kann Serial Testimony meiner Meinung nach genauso undemokratisch sein wie jede andere Diskussionsform.

Sie müssen verstehen, dass die »Politik der Verortung« (Rich 1984) innerhalb der Systeme gesellschaftlicher Macht für jede:n Teilnehmer:in kompliziert ist. So werden in einem Workshop, einer Gemeinschaft oder einer Klasse alle kontinuierlich Vorteile und Nachteile, Ermächtigung und

Entmachtung, Diskriminierung und Privilegien innerhalb vieler verschiedener Machtsysteme erfahren.

Sie müssen erkennen, dass alle Menschen einerseits in Systemen verortet sind, andererseits auf ihre Weise einzigartig.

Gemeinsame Präsentationen und Foren, in denen Menschen nacheinander über ihre Erfahrungen sprechen, können sehr wirkungsvoll sein. Für gewöhnlich organisiere ich keine »Dialoge«, weil es dabei meinem Empfinden nach oft nicht um Zuhören und Lernen geht, sondern im Grunde um Debattieren und Streiten. Nach Forumsdiskussionen versuche ich, »Wortgefechte« zu verhindern, sofern sie nicht das zuvor Berichtete weiter verdeutlichen.

Meine Listen unverdienter Privilegien sind weder »Checklisten« noch Fragebögen und auch keine Beichten.

Bitte beachten Sie, was ich zum Spezifischen meiner »Stichproben« geschrieben habe. Ich habe meine Situation lediglich mit dem verglichen, was ich bei meinen afroamerikanischen Kolleginnen im selben Gebäude und im selben Tätigkeitsbereich mitbekommen habe. Diese Stichprobe ist in Bezug auf *Race*, Geschlecht, Zeit, Ort, Region, Position, Arbeitsplatz, Nation, Beruf und Zugang zu öffentlichen Verkehrsmitteln sehr speziell.

Hinter und in meinen Beispielen finden sich Institutionen und Strukturen, die einen Einfluss haben auf meine Erfahrungen, darunter Schulen, Schulbuchverlage, die Polizei, das Finanzamt, die Medien, das Militär, die Justiz, medizinische Einrichtungen, Einzelhandelsgeschäfte und Konzerne.

Ermuntern Sie Menschen dazu, auf Basis ihrer persönlichen Erfahrungen ihre eigenen Listen von Privilegien und Benachteiligungen anzulegen, etwa über ihre …

- ökonomische Klasse,
- Schulbildung,
- Region und Nation,
- Sprache,
- Ethnie,
- berufliche Tätigkeit,
- Religion,
- Genderidentität,
- sexuelle Orientierung,
- gesellschaftliche Schicht,
- körperliche Fähigkeit,
- die Herkunftsnation ihrer Eltern
- oder die Position ihrer Eltern zu Geld, zu Schulbildung, zur vorherrschenden Sprache, zur Nation.

Nehmen Sie sich in acht vor Übungen, die Einzelpersonen in nur einem Aspekt ihrer Identität verorten und sie dazu auffordern, auf ein bestimmtes Stichwort hin von einer Grundlinie aus einen Schritt nach vorn oder nach hinten zu gehen. Solche Übungen können die Identitäten der Teilnehmenden übermäßig vereinfachen.

Dringen Sie darauf, dass die Teilnehmer:innen sich von Selbstgerechtigkeit zurückhalten und nicht ihre Familien und Freund:innen über Privilegien belehren, insbesondere wenn sie das Konzept der Privilegien selbst gerade erst entdeckt haben.

Erklären Sie den Begriff »systemisch«. Helfen Sie Teilnehmer:innen oder Student:innen, zu verstehen (oder zu verstehen zu beginnen), was es bedeutet, die Gesellschaft systemisch zu sehen statt nur bezogen auf Individuen, die individuelle Entscheidungen treffen.

Erklären Sie, dass es in den Vereinigten Staaten den meisten, insbesondere Weißen, schwerfällt, Dinge systemisch zu betrachten. Demaskieren Sie die Meritokratie als Mythos: dass die Einheit der Gesellschaft das Individuum sei und was auch immer jemand erreicht habe, das sein müsse, was dieses Individuum gewollt, wofür es sich angestrengt, was es sich erarbeitet und was es verdient habe. Dieses Denken nämlich verhindert, dass systemische Unterdrückung und insbesondere deren »positive Kehrseite«, die systemischen Privilegien, erkannt werden.

Die Beschäftigung mit Privilegien kann bei den Teilnehmer:innen drei »intellektuelle Muskeln« trainieren: a) ihre Fähigkeit, die Ebene der Machtsysteme ebenso zu sehen wie die individuelle Ebene; b) ihre Fähigkeit, zu erkennen, wie systemische Diskriminierung mit systemischen Privilegien zusammenhängt, das heißt mit der Freiheit von Diskriminierung; und c) ihre Fähigkeit, viele verschiedene Arten von Privilegiensystemen zu erkennen und sich darin verortet zu fühlen.

Wenn Sie unterrichten, sollten Sie Ihre Arbeit zu Privilegien an Schulen und Universitäten als etwas betrachten, das die Teilnehmenden zu klügeren, aber nicht notwendigerweise zu besseren Menschen macht. Es ist nicht das erklärte Ziel akademischer Institutionen, bessere Menschen aus uns zu machen.

Manche fragen, wenn sie das Konzept systemischer Privilegien kapiert haben: »Aber was kann ich tun?« Meine Antwort lautet: Sie können unverdiente Vorteile nutzen, um Systeme unverdienter Vorteile zu schwächen. Ich schlage vor, weiße Privilegien als ein Bankkonto anzusehen, um das ich nicht gebeten habe [siehe S. 89–99], das ich jedoch nach Belieben nutzen kann. Menschen mit unverdienten Privilegien haben viel mehr Macht, als wir es mit unserem Glauben an die Meritokratie zu sehen gelernt haben. Jene, die Macht besitzen, können überlegen, wie unverdiente Vermögenswerte sich nutzen lassen, um Macht zu teilen. Zu diesen Vermögenswerten gehören Zeit, Geld, Freizeit, Beziehungen, Raum, Reisen und die Bereitschaft, sich für Menschen ohne institutionelle Macht einzusetzen. Das Nutzen dieser Vermögenswerte kann mit anderen Verhaltensänderungen verbunden sein, etwa damit, Aufmerksamkeit zu schenken, Zusammenhänge herzustellen, einzugreifen, den Mund aufzumachen, etwas durchzusetzen oder zurückzustellen, wachsam zu sein, die Initiative zu ergreifen, als Verbündete:r zu wirken und sowohl die äußeren als auch die verinnerlichten Formen von Unterdrückung und Privilegien zu erkennen und gegen sie vorzugehen.

4 Auszug aus »Weiße Privilegien, Hautfarbe und Kriminalität: ein persönlicher Bericht« (1998)[1]

Für mein erstes Paper über weiße Privilegien aus dem Jahr 1988 verglich ich meine *Race*-spezifischen Erfahrungen mit denen afroamerikanischer Kolleginnen, die zur selben Zeit am selben Ort im selben Gebäude oder im selben Arbeitsgebiet tätig waren und zum Thema Frauen forschten und unterrichteten. Ich führte darin sechsundvierzig Punkte auf, die beschrieben, inwiefern ich im Gegensatz zu diesen Kolleginnen tagtäglich durch unverdiente übermäßige Vorteile geschaffene Bedingungen erlebte. Ich listete diejenigen Bedingungen auf, die für mich eher mit *Race* als mit Klasse, Region, Religion, Ethnizität oder sexueller Orientierung zusammenzuhängen schienen, auch wenn ich darauf hinwies, dass ich all diese Faktoren als eng miteinander verflochtene Privilegiensysteme verstand, die die Erfahrungen jedes Menschen beeinflussen.

Meine Methode bleibt auch an dieser Stelle autobiographisch. In dem Paper von 1988 verglich ich mich ausschließlich mit den afroamerikanischen Kolleginnen, mit denen ich jeden Tag oder zumindest relativ häufig in Kontakt kam. Für die vorliegende Analyse zum Thema Hautfarbe und Kriminalität habe ich allerdings das Blickfeld erweitert und auch Freundinnen und Kolleginnen anderer ethnischer Gruppen einbezogen. Ich erzähle hier von der klaren rassis-

1 Dieser Essay erschien zuerst als McIntosh 1998.

tischen Überbegünstigung gegenüber diesen Frauen, wenn es um Recht, Kriminalität und Gerichtswesen geht.

In diesem Kapitel stelle ich meine Frage von 1988 erneut: Nachdem ich unverdiente Macht oder das Gewähren von Dominanz als solche erkannt habe – wie kann ich meine unverdiente Macht nutzen, damit Macht gerechter verteilt wird und um die Systeme unverdienter Privilegien zu schwächen?

Hier einige der Bedingungen aus meiner Liste von 1988, die am meisten mit Hautfarbe und Kriminalität zu tun haben:[2]

1. Ich kann mir sicher sein, dass meine *Race* kein Nachteil für mich sein wird, wenn ich juristische oder medizinische Unterstützung benötige.
2. Wenn mein Tag, meine Woche oder mein Jahr mies läuft, muss ich mich nicht bei jeder negativen Episode oder Situation fragen, ob dabei Rassismus mitschwingt.
3. Wenn ein:e Verkehrspolizist:in mich herauswinkt oder das Finanzamt meine Steuererklärung prüft, kann ich mir sicher sein, nicht aufgrund meiner *Race* herausgegriffen worden zu sein.
4. Wenn ich wütend werde und mit »der zuständigen Person« sprechen will, kann ich mir recht sicher sein, einer Person meiner eigenen *Race* gegenüberzutreten.
5. Ich musste meinen Kindern nicht beibringen, sich zum Schutz ihrer eigenen körperlichen Unversehrtheit tagtäglich des systemischen Rassismus bewusst zu sein.
6. Ich kann allein in Läden in der Nähe meines Wohnorts

2 Die Nummern sind Ergebnis der Bearbeitungen für diese Version. Sie entsprechen nicht denen im Originaltext.

einkaufen gehen, ohne dabei von Kaufhausdetektiv:innen verfolgt oder belästigt zu werden, mit der Begründung, ich könnte womöglich stehlen oder betteln.

Hier folgen nun neue Punkte, die explizit mit Hautfarbe und Kriminalität zu tun haben:

1. Wir konnten unseren Kindern beibringen, dass die Polizei ihr Verbündeter ist und dass sie in einem Notfall den Notruf wählen sollen.
2. In meinem Wohnviertel kann ich mir sicher sein, dass die Polizei mich nicht aufgrund meiner Hautfarbe belästigt.
3. Sollten Polizist:innen ein Mitglied meiner Familie festnehmen müssen, entstammen sie mit hoher Wahrscheinlichkeit meiner eigenen *Race*.
4. Kriminalität wird mir nicht als genetisch bedingt zwingend vorhanden unterstellt. Es wird nicht davon ausgegangen, dass ich zu einer Gruppe von Menschen gehöre, die zu Verbrechen neigen.
5. In der vorherrschenden Kultur denkt man beim Wort »Kriminelle:r« nicht unwillkürlich an Menschen, die eine ähnliche Hautfarbe haben wie mein Vater, meine Mutter, mein Bruder, meine Schwester, mein Ehemann, meine Nichten oder Neffen.
6. Ich habe nie die Empfehlung gehört oder gelesen, alle Menschen meiner Hautfarbe sollten eingesperrt oder umgebracht werden. Nicht einmal islamistische Fundamentalist:innen rufen zur Ermordung aller Menschen meiner Hautfarbe auf, sondern allenfalls zur Tötung einzelner »moralisch Verdorbener«.

7. Im Zweiten Weltkrieg wurden meine Großeltern, obwohl unter ihren Vorfahren auch Deutsche waren, von der US-Regierung nicht in Internierungslager gesperrt wie Menschen japanischer Herkunft, auf den Verdacht hin oder unter dem Vorwand, sie könnten Verräter:innen sein.
8. Nahezu alle Anwält:innen und Richter:innen, die in den Vereinigten Staaten wissenschaftlich mit dem Recht zu tun haben, die darüber schreiben, streiten, debattieren und es praktizieren, sind Angehörige meiner *Race*.
9. Rechtsbrüche durch die US-Regierung hinsichtlich der Abkommen mit Native Americans wurden mir gegenüber nicht als krimineller Aspekt meines *Race*-Erbes erklärt.
10. Indigene zu betrügen wird nicht als genetische Veranlagung weißer Menschen bezeichnet.
11. Die heutige Weigerung, Abkommen mit Native Americans einzuhalten, wird mir gegenüber nicht als ein Rechtsbruch weißer Menschen bezeichnet.
12. Die US-Regierung hat es nie zu einem Verbrechen erklärt, meine Muttersprache zu sprechen oder die Religion meiner Eltern und Großeltern zu praktizieren.
13. Das Gefängnissystem wird vollständig von Angehörigen meiner *Race* kontrolliert.
14. Die Verfassung, der ich verpflichtet bin, haben Personen meiner ethnischen Abstammung geschaffen, für einen Teil der Menschen meiner ethnischen Abstammung, jedoch nicht für Menschen anderer *Races*.
15. Es gilt als selbstverständlich, dass ich einen Anspruch auf jegliche juristische Verteidigung habe, die ich mir

leisten kann, selbst wenn ich durch sie von einem Verbrechen freigesprochen werde, das ich begangen habe.

16. Wenn ich verdächtigt werde, eines Verbrechens schuldig zu sein, aber freigesprochen werde, werde ich von der vorherrschenden Gruppe als eine Person angesehen, die durch die Maschen des Gesetzes geschlüpft ist, und nicht als eine Person, die es eigentlich besonders verdient hätte, nicht zu entkommen.
17. Die meisten derer, die sich die hohen Kosten einer juristischen Ausbildung leisten können, sind Angehörige meiner eigenen *Race*.
18. Anwält:innen, die von den Medien als Expert:innen gezeigt werden, sind in überwältigender Mehrheit Angehörige meiner eigenen *Race*.
19. Die meisten derer, die sich die Kosten für Anwält:innen bzw. Prozesse leisten können, sind Angehörige meiner eigenen *Race*.
20. Wer aus meiner ethnischen Gruppe Steuern hinterzogen hat, wird für gewöhnlich als Betrüger:in oder sogar als Gewinner:in dargestellt, aber jedenfalls nicht als von Geburt an kriminell oder als Vertreter:in einer gesamten *Race* von Menschen, die angeblich der Gesellschaft etwas stehlen.
21. Will ein geschiedener Vater meiner ethnischen Gruppe keinen Unterhalt zahlen, wird er in den Medien als finanziell, aber nicht als sexuell verantwortungslos dargestellt.
22. Wenn ich in meinem Land einen Gerichtssaal betrete, kann ich damit rechnen, am Empfang mit Respekt behandelt zu werden.
23. Als Kind hörte ich Witze und Tonaufnahmen, in denen

die Menschen anderer *Races* generell als dumm, derb, hinterhältig, durchtrieben, gerissen, böswillig oder fies dargestellt wurden, anders als Menschen meiner *Race*, zu denen es eine solche klischeehafte Darstellung nicht gibt.

24. Die Stimmen von Kriminellen, Durchtriebenen und Bösewichten in Disney-Filmen und in der Werbung klingen nur selten wie Menschen meiner *Race* bzw. ethnischen Gruppe.
25. Wenn ich vor einem Kassenschalter in der Schlange stehe, sieht mich niemand seltsam an, als hätte er/sie ein Problem mit meiner Anwesenheit.
26. Wenn ich einen Schaden erleide und beschließe, den Fall vor Gericht zu bringen, werde ich im Rechtssystem wahrscheinlich auf Personen treffen, die dazu ausgebildet wurden, mir und Leuten wie mir zu vertrauen.
27. Ich kann hinter einer anderen Person an einem Geldautomaten anstehen, ohne als potentielle Straßenräuberin gefürchtet zu werden.
28. Wenn ich abends mit Freund:innen auf der Straße lache, wird nicht davon ausgegangen, dass wir einer Gang angehören.
29. Noch nie haben mich Immobilienmakler:innen diskriminiert, um »Immobilienwerte zu schützen«.
30. Niemand hat je behauptet, ich hätte womöglich mit Drogen gehandelt, um mir ein bestimmtes Auto oder Haus leisten zu können.
31. Die Männer meiner *Race*, die 1994 im Zuge des Savings-and-Loan-Skandals in den Vereinigten Staaten 400 Milliarden Dollar in die eigene Tasche gesteckt haben, werden nicht als Kriminelle gebrandmarkt oder als

Feinde der US-amerikanischen Bürger:innen, obwohl sie das Geld nie zurückgezahlt haben.

32. Wenn ich an Gefängnisse denke, dann muss ich nicht darüber nachdenken, dass in ihnen unverhältnismäßig viele Personen meiner *Race* überdurchschnittlich lange Haftstrafen absitzen und zahlenmäßig mehr von ihnen hingerichtet werden.
33. Ich darf und soll daran glauben, dass die Menschen meiner *Race* im Allgemeinen gesetzestreu und eben keine notorischen Gesetzesbrecher:innen sind.
34. Fernsehsendungen und Filme zeigen Menschen meiner Hautfarbe als die hauptsächlichen Verteidiger:innen von Recht und Ordnung, als die schlausten Polizist:innen, die besten Anwält:innen und Richter:innen sowie die listigsten Outlaws.
35. Darstellungen weißer Männer im Fernsehen als Kriminelle und Gewalttäter belasten mich als Weiße nicht. Diese Männer, selbst die Outlaws, werden für gewöhnlich als starke und durch und durch amerikanische Typen präsentiert.
36. Weiße verstehen illegale Handlungen der US-Regierung auf der ganzen Welt, in der Gegenwart wie auch in der Vergangenheit, nicht als Ausdruck einer weißen Unmoral und Ungesetzlichkeit.
37. Weiße sehen hinter den schlechten *Race*-Beziehungen in den Vereinigten Staaten nicht ihr eigenes kriminelles Verhalten, auch wenn rassistische Rechtsbrüche durch Weiße eine lange Geschichte haben, die den gesamten Zeitraum anglo-europäischen Lebens auf diesem Kontinent umfasst.

Diese Liste ließe sich leicht verlängern. Allerdings fällt es mir schwer, mir diese Beispiele bewusst zu machen, weil ihr wahrer Kern so unangenehm ist und mein kulturell angepasstes moralisches und politisches Selbstverständnis stört.

Mein bewusster Verstand wurde geschult, zu glauben, unser Rechtssystem sorge in den Vereinigten Staaten bis zu einem gewissen Grad für Gerechtigkeit. Daher schreckt er davor zurück, zu erkennen, dass wir Weißen auf der Seite des Gesetzes zu stehen glauben oder meinen, wir verdienten Bewunderung, wenn wir individualistisch das Gesetz herausfordern, während People of Color subtil als außerhalb der Ethik und der Regeln von Recht und Ordnung dargestellt werden – schließlich seien sie träge, ausbeuterisch, unzuverlässig, gewalttätig, kriminell oder Ähnliches –, und dass aus all dem ständig Ungerechtigkeiten resultieren, ohne dass sie als solche benannt werden.

Wenn eine Person of Color sich schlecht verhält oder man ihr schlechtes Verhalten unterstellt, wird dieses Verhalten ungerechterweise gleich auf ihre gesamte Gruppe projiziert, ob es nun um das Stereotyp undurchschaubarer Verschlagenheit geht, wie man es gern asiatischen Amerikaner:innen zuschreibt, darum, dass Latinos als Gangster gesehen werden, oder um die Unergründlichkeit, die man mit Native Americans assoziiert. Die Angehörigen meiner anglo-europäischen Ethnizität sehen sich im Gegenzug nicht mit solchen negativen Projektionen durch die Medien und durch andere Weiße konfrontiert. Zwar wird Italiener:innen mitunter unterstellt, sie stünden mit der Mafia in Verbindung, Juden und Jüdinnen, ihnen ginge es nur ums Geldverdienen, oder Ir:innen, sie würden oft betrunken Auto fahren, und manchmal werden diese Menschen von der Gesellschaft ohne Beweise dieser Dinge beschuldigt. Aber der anglo-europäische Charakter kommt wie ein Stehaufmännchen immer wieder auf die Beine, als die Norm der Rechtschaffenheit, die von negativen Zuschreibungen nicht aus dem Gleichgewicht gebracht werden kann, allenfalls ganz kurz, angesichts bestimmter Verbrechen, hinter denen man jeweils Individuen sieht.

In welchem Ausmaß es sich auswirkt, dass »Weißsein« nicht mit Delikten in Verbindung gebracht wird, hat mich erschreckt. Ein typisches Beispiel ist, dass die Wirtschaftskriminalität als nicht mit anderen Straftaten vergleichbar angesehen wird. Die Schäden, die sie in der Gesellschaft anrichtet, werden in den Medien nicht hinreichend betont. Männer wie Michael Milken und sogar die Täter im Savings-and-Loan-Skandal feiert man weiterhin für ihre rücksichtslosen Gesetzesbrüche.[3] Die 400 Milliarden Dol-

3 Die Anspielungen auf Milken und den Savings-and-Loan-Skandal wurden 1998 in den Originaltext aufgenommen, einundzwanzig Jahre vor der vorliegenden Veröffentlichung [gemeint ist natürlich das Erscheinungsjahr der *Privilege Papers* auf Englisch]. Milken wanderte unter anderem wegen Wertpapierbetrugs für zehn Jahre ins Gefängnis. Seitdem hat er viel Geld in die Krebsforschung investiert, woraufhin das Forbes Fortune Magazine ihn als den »Mann, der die Medizin veränderte« (Daniels 2004) bezeichnete. Milken ist immer noch einer der reichsten Männer der Welt. Dass er wegen illegaler Geschäfte und Steuerhinterziehung im Gefängnis saß, hat seinem Ruf auf lange Sicht nicht geschadet. Der Savings-and-Loan-Skandal ist nur einer von vielen großen Finanzskandalen vor und nach der ursprünglichen Veröffentlichung dieses Essays. Über den Moment des Skandals hinaus wurden die Täter und ihre Identitätsgruppen in der Gesellschaft nicht sonderlich negativ diskutiert, teils aufgrund der verschiedenen Privilegien, die sie genießen.

lar, die im Savings-and-Loan-Skandal »verloren« gingen, sind nie wieder aufgetaucht, aber die weißen Männer, die auf diesem Geld hocken, sieht man nicht als weiße Gauner, wenn überhaupt als Gauner. Stellen Sie sich einmal vor, was in den Vereinigten Staaten passiert wäre, hätten Schwarze oder Chicanos so viel Geld von Investor:innen verschwinden lassen.

Ich denke, dass man den Zusammenhang zwischen unverdienter Übervorteilung und unverdienter Benachteiligung in den Fokus rücken sollte, da ich mich ansonsten als jemand begreifen könnte, der in rechtlichen Angelegenheiten neutral ist. Dann bräuchte ich mir über den »Arm des Gesetzes« keine Gedanken zu machen, solange ich mich selbst gut benehme und nicht über allzu viele rote Ampeln fahre. Doch tatsächlich sind die Hüter:innen des Gesetzes, da sie uns nicht gleichbehandeln, eine Gefahr sowohl für mich als auch für meine Kolleginnen of Color, für die sie das Fehlen eines Rechtsschutzes und von Sicherheit bedeuten, sowie Beklommenheit, Angst und Wut oder sogar regelrechte Schikane und Verfolgung. Wenn man mich vor dem bewahrt, was sie erleiden müssen, dann habe ich einen unverdienten Vorteil, da ich frei bin von Gefahr, Furcht und Wut, und damit werde ich wiederum zur Zielscheibe ihrer berechtigten Wut. Ich denke nicht, dass es gut ist, eine Zielscheibe der berechtigten Wut anderer zu sein.

Vor ein paar Jahren wurde der jugendliche Sohn einer schwarzen Kollegin von mir eines Nachts auf dem Weg nach Hause in die Vorstadt von der Polizei angehalten. Die Polizei ließ ihn mitten in der Nacht seine Eltern wecken, um zu beweisen, dass er tatsächlich in dem größtenteils weißen Viertel wohnte, soll heißen, dass sein Ausweis nicht gefälscht war. Die Familie und ihre Community werden die Feindseligkeit der Polizei und die Demütigung nie vergessen. Diese Familie kann in der städtischen Polizei wohl nie eine Verbündete sehen. Aber kann ich das denn? Wie kann sie meine Verbündete sein, wenn sie meine Nachbar:innen demütigt und einzuschüchtern versucht?

Ich suchte das Polizeirevier auf, um über den Vorfall zu diskutieren. Die Polizei behauptete, sie täten solche Dinge, um »unsere« Nachbarschaft zu beschützen. »Ma'am, wir versuchen nur, Sie zu beschützen.« Aber ich entgegnete: »Das ist eine Schutzgelderpressung.« Das Problem schlechter *Race*-Beziehungen ist von ihnen gemacht, und genau vor diesem Problem behaupten sie dann, mich zu beschützen. Währenddessen könnte man weiße Privilegien als etwas ansehen, das meine Familie vor einer solchen Behandlung und vor dem Wissen um eine solche Behandlung schützt. Sie bescheren uns tatsächlich eine unverdiente Freiheit von Angst, Wut und der ständigen Beschäftigung mit der Frage, was die Polizei uns womöglich antut. Aber die schlechten *Race*-Beziehungen sind auch für Weiße nicht gut. Sie zeigen sich in den Schulen und auf den Straßen, und sie verschlechtern die Lebensqualität für alle, Weiße eingeschlossen, die zur Zielscheibe einer Wut werden, die sie nicht verstehen oder durch das die Privilegien umhüllende Schweigen nicht verstehen können.

Wenn mich die Polizei wegen einer Geschwindigkeitsüberschreitung herauswinkt, bekomme ich Angst, aber dann kann ich den Prozess regelrecht beobachten, wie die Polizist:innen für gewöhnlich zu dem Entschluss gelangen, mich mit einer Verwarnung davonkommen zu lassen. Ich bin eine weiße Frau späten mittleren Alters, die das Haar zu einem Knoten hochgesteckt trägt, mit leiser Stimme spricht und in einer bekannten Straße in einer größtenteils weißen Stadt wohnt. Ich kann sehen, wie die Polizist:innen, während sie mit mir sprechen und meinen Führerschein begutachten, zu dem Gefühl tendieren, ich stelle auf der Straße keine so große Gefahr dar wie etwa ein junger schwarzer Mann. Dabei bin ich im Straßenverkehr eine ebenso große Gefahr wie alle anderen Raser:innen.

Als ich dieses Kapitel schrieb, habe ich etwas erlebt, das gut veranschaulicht, wie weiße Privilegien sich an meinem Arbeitsplatz zu meinen Gunsten auswirken. Die Campuspolizei fand eines Abends um elf Uhr Computer-Equipment auf der Veranda eines Gebäudes und sah Computer-Equipment auf dem Rücksitz meines in der Nähe geparkten Wagens, woraufhin sie das Gelände absuchte, die städtische Polizei rief und das Gebäude betrat. Sie dachten, sie würden einen Dieb auf frischer Tat ertappen. Ich konnte jedoch an ihren Gesichtern ablesen, dass sie mir glaubten, als ich ihnen erklärte, ich würde an diesem Abend lediglich lange arbeiten, ein paar Stunden zuvor sei neues Computer-Equipment installiert worden und man habe uns gesagt, wir dürften die alte Ausrüstung mitnehmen, sofern wir etwaige Reparaturen selbst bezahlten. Ich denke, einer afroamerikanischen Kollegin hätte man in dieser scheinbar belastenden Situation nicht so schnell geglaubt und sie hätte viel mehr Grund gehabt, sich zu fürchten, sofern sie es überhaupt gewagt hätte, so spät noch in diesem Gebäude zu arbeiten.

In den neun Jahren seit der Veröffentlichung des ursprünglichen *White Privilege Papers* habe ich gemeinsam mit People of Color mehr als neunzig Vorträge zum Thema

Privilegiensysteme gehalten. Viele Mitvortragende erzählten, dass in den letzten paar Tagen vor unserem gemeinsamen Vortrag ihre finanzielle Bonität angezweifelt wurde oder sie in Geschäften gegenüber anderen verstärkt nach ihren Papieren gefragt wurden. Es macht keinen Unterschied, dass sie Lehrstuhlinhaberinnen sind oder ihr eigenes Unternehmen führen – sie werden beschuldigt aufgrund der rassistischen Projektionen Weißer, die ihnen finanzielle Unzuverlässigkeit und gewohnheitsmäßige Unredlichkeit unterstellen. Ich bin vor diesen Projektionen gefeit. Dadurch kann ich naiv bleiben, abgehoben von der Lebensrealität in den Vereinigten Staaten, und muss nicht darüber nachdenken, wo mein Platz in dieser Gesellschaft ist und welchen Platz sie in mir hat.

Einige wohlmeinende Leser:innen meiner Analysen kommen zu dem Schluss, dass sie sich nun einfach von unverdienten Vorteilen trennen wollen. Aber so leicht ist das nicht. Türen werden sich weiterhin für uns öffnen, ob wir es wollen oder nicht. Allerdings habe ich für meine eigenen Lebensumstände mindestens zehn verschiedene Wege gefunden, um Macht zu nutzen, um Macht zu teilen, und unverdiente Privilegien zu nutzen, um Systeme unverdienter Privilegien zu schwächen. Es ist auf verschiedene Arten möglich, zusammenzuarbeiten, als Verbündete zu wirken und einen Wandel auf verschiedenen Ebenen herbeizuführen: der institutionellen, der politischen und der individuellen.

Insbesondere folgendermaßen werde ich aktiv: Ich entscheide mich dafür, mit Frauen und Männern of Color zusammenzuarbeiten, und wenn ich mit komplett weißen Gruppen zusammenarbeite, versuche ich, diese diverser zu gestalten; in meiner Nachbarschaft engagiere ich mich für Integration; Lehrpläne, Stipendien und Lehrmethoden hinterfrage und verändere ich, um Wissen und Ausbildung kritischer und inklusiver zu gestalten; Vorträge über weiße Privilegien halte ich gemeinsam mit People of Color, um Podiumszeit und Honorare zu teilen; bei den Einkäufer:innen lokaler Supermärkte frage ich nach, weshalb sie zwar chinesische, aber keine afroamerikanischen Spezialitäten führen; die Führungskräfte von Hallmark und Crayola [Hersteller u. a. von Grußkarten und Buntstiften] weise ich auf Rassismus und Sexismus in ihren Produktlinien hin; ich versuche, People of Color in vorrangig weißen Organisationen zuzuhören und ihnen dann als Verbündete zu antworten; ich lese die Worte und Werke derer, die keine weißen Privilegien haben, nehme sie ernst und verbreite sie; ich werbe Geld ein und nutze es dafür, in der Öffentlichkeit ein Verständnis für Privilegiensysteme (und deren Leugnung) zu erzeugen, durch Seminare zur Weiterbildung von Lehrkräften an Schulen, Beratungen, Vorträge, Artikel, Briefe und in Gesprächen, auch innerhalb der Familie; ich mache mir bewusst, wie viel ich von Menschen lernen kann, die zu übersehen, zu fürchten oder zu meiden man mir beigebracht hat – ich lerne etwas von dem, was sie lehren können, und bin beeindruckt davon sowie dankbar dafür, und ich stelle mein Leben auf ein inklusiveres und breiteres Fundament, in dem Bewusstsein, dass weiße Privilegien diese Bemühungen einerseits unterstützen, andererseits behindern.

Einige People of Color haben mein ursprüngliches Paper falsch verstanden und den Eindruck bekommen, es zeige, dass Weiße alles über ihren *Race*-Status und ihr Verhalten als Weiße wissen. Diese Leser:innen meinen, ich hätte Dinge genannt, die allen Weißen bewusst sind. Dabei wurde mir – ganz im Gegenteil – auf hunderte Arten sorgfältig beigebracht, nicht zu wissen und nicht zu sehen, was ich in jenem Aufsatz geschrieben habe. Mir wurde beigebracht, ich hätte keine *Race.* Das Wort *Race* bezog sich auf andere Menschen. Ich war einfach »normal«. Und man brachte mir bei, Rassismus nur in individuellen Akten der Bosheit zu sehen und nicht in unsichtbaren Systemen, die meiner Gruppe Dominanz verleihen. Die Menschen, die kurzfristig am meisten von Privilegiensystemen profitieren, werden am stärksten in Unwissenheit darüber gehalten, da das Wissen darum den Mythos stören würde, die Demokratie sei erreicht und funktioniere gut.

Ich denke, Weiße werden sogar noch gründlicher so sozialisiert, konditioniert und erzogen, dass sie nichts über weiße Privilegien wissen, als Männer zur Nichtwahrnehmung männlicher Privilegien erzogen werden. Ein analoges bezeichnendes Beispiel mit allerdings weniger politischen und gesellschaftlichen Auswirkungen: Die meisten Rechtshänder:innen können Ihnen nichts über die Privilegien von Rechtshänder:innen erzählen. Man hat ihnen nicht beigebracht, sich dieser Privilegien bewusst zu sein. Linkshänder:innen dagegen haben viel zu sagen zum Thema Linkshändigsein, was Rechtshänder:innen oftmals überrascht.

Die weißen Leser:innen, die meine Analyse am wenigsten überraschend finden, sind im Allgemeinen diejenigen, die durch *Interracial*-Beziehungen, interkulturelle Adoptionen und andere »Grenzüberschreitungen« zwei oder sogar drei verschiedene Perspektiven haben und dort, wo Privilegien Grenzen ziehen, beide Seiten sehen. Weiße Frauen, denen männliche Privilegien deutlich bewusst sind, mögen zu analogen Erkenntnissen über *Race*-Privilegien gelangen, wenn sie es schaffen, sich selbst aus dem Mittelpunkt zu nehmen, wie wir es von den Männern verlangt haben. Allerdings geben weiße Frauen damit ihre moralische Überlegenheit auf, die dadurch entsteht, dass wir die Gerechtigkeit auf unserer Seite haben, und die viele von uns als so ermächtigend empfanden. Es kann sich unerträglich anfühlen, aus dem Zentrum gerückt zu werden, wenn man sich, zumindest in Sachen Gender, zum ersten Mal überhaupt als im Mittelpunkt stehend gefühlt hat.

Ursprünglich fand ich, dass eine Beschäftigung mit diesem Thema mein Gefühl, ein moralischer und netter Mensch zu sein, zutiefst erschüttert hat. Das verkompliziert die ganze Frage nach dem moralischen Wert. Aber es hat nichts mit Nettigkeit zu tun. Es hat damit zu tun, aufgrund von Privilegien unterdrückerisch zu wirken und sich, ebenfalls aufgrund von Privilegien, dieser Unterdrückung nicht bewusst zu sein. Eines der weißen Privilegien besteht darin, dass man nichts von weißen Privilegien weiß. Es geht nicht darum, ob man nett ist. Es geht um die Anspruchshaltung, mit der Menschen meiner Hautfarbe sich von Gott oder der Natur die Erlaubnis, oder was wir für die Erlaubnis halten, geholt haben, Land, Zeit, Gehaltslisten und die Zentren anerkannter Autorität zu beanspruchen, unter anderem auch die Gerichtshöfe. Und sich dann nicht dessen bewusst zu sein, dass dies unsere rassistische Geschichte ist.

Ich glaube, wenn dies geschieht, nehmen auch die Zentren anerkannter Autorität innerhalb der Psyche die Gestalt weißer Dominanz an und reproduzieren die größere Gesellschaft im inneren Selbst. Und dann kann es sich anfühlen, als würden die Mächte für Recht und Ordnung oder für mutige Herrschaft in der Psyche die Mächte der Gesetzlosigkeit und all die Projektionen, die sie sich angeeignet haben, in Schach halten. Für mich fühlt es sich an, als würden die Mächte in meiner Persönlichkeit, die in der breiteren Gesellschaft für Weiße privilegiert ist, zu Mächten in einem vielfältigen inneren Selbst, die die Erlaubnis haben, den Rest meiner Persönlichkeit und meiner Wahrnehmungen zu lenken, einzusperren oder zu unterdrücken. Dann tritt ein, was ich als *innere Kolonisation* bezeichne. Das Selbst wird von einem Teil seiner selbst übernommen, und der Rest wird mit dem Anderen gleichgesetzt, eingesperrt oder zum Schweigen gebracht, während die Autoritäten leugnen können, dass überhaupt irgendeine Unterdrückung stattfindet.

Bei meiner Arbeit an diesen Problemen habe ich festgestellt, wie schwierig es ist, mich selbst beständig als weiß wahrzunehmen. Es erfordert ein gewissenhaftes Reflektieren der Beziehung zwischen dem, was ich in meinen Projektionen in die Welt hinaussende, und dem, was ich empfange. Ich halte die antike griechische Vorstellung vom Sehen als einem zweiteiligen Prozess für nützlich, auch wenn wir in der Schule nur davon erfahren haben, weil wir lernen sollten, dass sie falsch ist. Ja, ich scheine »Sehstrahlen« auszusenden, die einige Dinge auflesen und andere nicht, und somit wirkt sich das, was ich aussende, auf das aus, was ich zurückbekomme. Meine *Race*-bezogenen und anderen gesellschaftlichen Vorstellungen ziehen hinaus und lesen auf, was sie zu sehen imstande sind. Es ist angezeigt, gegenüber den rassistischen Ursprüngen der eigenen Sehstrahlen aufmerksam zu bleiben, aber dies ist beschwerlich.

Man hat mir nicht beigebracht, mich als weiß zu begreifen, und schon gar nicht, mein Sehen als vom Weißsein beeinflusst zu begreifen. Dagegen wurde mir beigebracht, mich als auf der Seite des Rechts und der Gerechtigkeit stehend zu begreifen. Heute scheint es mir, dass meine anglo-europäischen Sehstrahlen Rechtmäßigkeit überall da erkannten, wo Menschen meiner Hautfarbe die Kontrolle hatten und alles ruhig war.

Das Bemühen, Privilegien zu erkennen, ist epistemologisch verwirrend und emotional anstrengend. Es ist schwer, zu erfahren, dass man aus dem Mittelpunkt gerückt wird, wenn einem gar nicht erst bewusst war, dass man sich dort befunden hat. Ich denke, für heterosexuelle Männer ist es besonders schwierig, wie ein dreifacher Schlag: Zuerst wird »Männlichkeit« problematisiert, dann »Weißsein« und schließlich »Heterosexualität«. Ich denke, vielen Menschen, die versuchen, reflektiert zu sein, wird gewissermaßen epistemologisch unwohl davon, wenn sie so plötzlich, wie es ihnen erscheint, herumgewirbelt werden. Und auch ich selbst finde es verlockend, vor dem Thema des bewussten Weißseins zurückzuweichen. Ich stelle es mir als ein Zusammenrollen und Einschlafen vor, und Schlaf hat auch seinen Platz. Aber Albträume werden kommen. Und ich möchte lieber wach sein und keine Schlafwandlerin. Mittlerweile habe ich das Gefühl, als weiße Schlafwandlerin durch die Welt der weißen Kontrolle zu laufen führt dazu, dass Herz und Verstand weiterhin zombiehaft entmündigt werden.

Es ist nur eine Hypothese, aber ich würde vermuten, dass weißes Nichtwahrnehmen und inkulturiertes Leugnen von Privilegien wie ein psychologisches Gefängnissystem wirken, das Weiße teuer zu stehen kommt, da es ihre menschliche Entwicklung behindert. Wenn wir unsere eigenen *Race*-Erfahrungen nicht wahrnehmen, sorgen wir damit womöglich dafür, dass Herz und Verstand in einem falschen Zustand von »Recht und Ordnung« der tyrannisierenden Verleugnung dessen bleiben, wer, was und wo wir sind. Die gesellschaftlichen Systeme von Hautfarbe und Kriminalität mögen also auch in den Psychen weißer Menschen präsent sein, wo eine Entsprechung zu schlechten *Race*-Beziehungen oder *White Supremacy* die allgemeine Gesundheit und das Gleichgewicht der Seele beschädigt.

5 Auszug aus »Weiße Privilegien: ein Konto zum Ausgeben« (2009)[1]

Als die Saint Paul Foundation eine Gemeinschaftsinitiative namens *Facing Race* ins Leben rief, stellte sie mutige Fragen: Ist es möglich, das Klima in Sachen *Race*-Beziehungen in einer Region zu verbessern? Falls ja, können diese Veränderungen nachhaltig sein? Man stellte fest, dass es beim Unterrichten über Privilegien jeglicher Art für jede Gruppe anstrengend, beängstigend, verwirrend und unangenehm sein kann, von den eigenen Privilegien zu erfahren.

Ich wurde gefragt, ob ich irgendetwas gegen die Schuldgefühle weißer Menschen, die aufkommen, wenn sie zum ersten Mal von weißen Privilegien hören, tun könne. Daher beschloss ich, mehr über die Vorteile zu schreiben, die ich als Weiße und als jemand mit Klassenprivilegien genieße, wozu mir eine neue Metapher einfiel: die eines Bankkontos.

Weiße Unwissenheit über Systeme

Der Begriff »weiße Privilegien« macht viele Menschen wütend. Zum Beispiel frustriert es viele Weiße aus der Arbeiter:innenklasse, die ihr ganzes Leben lang hart gearbeitet haben, wenn sie gesagt bekommen, sie genössen irgendwelche unverdienten Vorteile. Weiße, die kämpfen müssen, um sich über Wasser zu halten, können sich nur

1 Dieser Essay erschien ursprünglich als McIntosh 2009b.

schwer vorstellen, dass sie im Vergleich zu anderen über irgendwelche »Privilegien« verfügen. Wenn weiße Menschen privilegiert sind, wieso stehen sie selbst dann mit leeren Händen da?

Um diese Frage zu beantworten, muss man systemisch darüber nachdenken, wie Macht in den Vereinigten Staaten funktioniert und verschiedene Arten von Privilegien und Diskriminierung erzeugt. Eine weiße Person mag nicht gut Englisch sprechen oder nicht genug Geld haben, oder sie mag als erst vor Kurzem Eingewanderte:r Diskriminierung erfahren. Die Belastung, die es bedeutet, durch einen Mangel an Sprachkenntnissen, die eigene Klassenzugehörigkeit oder die Herkunft nicht über die entsprechenden Privilegien zu verfügen, mag bei der weißen Person den Eindruck erwecken, sie besäße überhaupt keine Privilegien. Das Leben ist grundsätzlich beschwerlich. *Aber es ist noch beschwerlicher für diejenigen, die keine weißen Privilegien haben.*

Die Polizei, Verkäufer:innen und Bankangestellte sortieren eine benachteiligte Person aus der Arbeiter:innenklasse gern niedriger ein als eine, die der Mittelschichtsnorm entspricht. Gleichzeitig sind viele Weiße aus der Arbeiter:innenklasse, die entgegen allen Erwartungen »vorankommen«, davon überzeugt, allein ihre harte Arbeit habe sie dorthin gebracht, wo sie jetzt stehen. Der amerikanische Traum – dass Einzelnen der soziale Aufstieg durch harte Arbeit gelingt – erscheint für sie real, und in ihrer Vorstellung funktioniert er auch für alle anderen. Man bringt ihnen bei, nichts anderes wahrzunehmen als ihre individuellen Bemühungen. Dabei hatte ihre *Race* Einfluss darauf, zu welchen Jobs, Vierteln, Schulen und öffentlichen Dienstleistungen sie Zugang bekamen. Dies werden sie aber nicht erkennen, solange sie nicht systemisch denken.

Menschen, die von einem Privilegiensystem profitieren, wird beigebracht, dieses nicht wahrzunehmen, da der Mythos der Meritokratie die Existenz von Machtsystemen leugnet: Erfolgreich seien Menschen aufgrund ihrer eigenen Leistungen. Und wenn jemand keinen Erfolg habe, liege es diesem Mythos zufolge daran, dass diese Person ihn nicht verdient hätte: Sie sei nicht schlau genug, oder sie arbeite nicht hart genug. Der Mythos der Meritokratie besagt: Wenn Menschen hart arbeiten, dann kommen sie auch voran.

Nicht nur subtil, auch auf offensichtliche Weise wurde mir beigebracht, weiße Menschen hätten sich all ihre Erfolge erarbeitet und verdient. Mir wurde beigebracht, davon auszugehen, wir Weißen wären im Vergleich zu People of Color »die Besten und die Schlausten«. Unbewusst glaubte ich, weiße Menschen wären überlegen und unsere Führungsposition innerhalb der Gesellschaft wäre ein normales und natürliches Zeichen für unsere Überlegenheit.

Ich dachte, es wäre normal, dass die Polizei nett zu uns ist, weil wir gute Menschen wären; es wäre normal, in den Schulbüchern über weiße Menschen zu lesen, weil wir die »Zivilisation« erschaffen hätten; es ergäbe Sinn, dass wir gute Jobs bekommen, weil wir hart arbeiteten; und wir würden reich werden, weil wir unser Geld sparten. Da ich daran glaubte, alle Menschen wären aufgrund ihrer eigenen Leistungen erfolgreich, sah ich die unsichtbaren Mechanismen der Gruppenprivilegien nicht, die uns als Weiße voranbrachten. Die Macht, die wir besaßen, kam mir vollkommen angemessen und gerecht vor.

Dieses Gefühl, berechtigterweise über anderen platziert zu sein, verhinderte, dass ich und andere Weiße aus meiner Schicht erkannten, dass alle Menschen in ein unfaires System hineingeboren werden. Es sorgte dafür, dass ich nicht bemerkte, wie diejenigen, die über die meiste Macht verfügen, »Erfolg« definieren, belohnen und kontrollieren durften. Es ließ mich übersehen, dass die Frage, ob ich »erfolgreich« war, weniger damit zu tun hatte, wie hart ich arbeitete oder wie gut ich als Mensch war, als mit den systemischen Klassen- und *Race*-Privilegien, mit denen ich bereits ausgestattet war, als ich zur Welt kam. Durch diese Privilegien bekam ich einen Vertrauensvorschuss und musste nicht erst beweisen, dass ich es verdient hatte, akzeptiert zu werden.

Ich war fünfzig, als ich feststellte, dass ich weiße Privilegien genoss. Ganz schön alt, mögen Sie finden, aber ich hatte wie eine Musterschülerin verinnerlicht, was man mir beigebracht hatte, nämlich, dass es keine weißen Privilegiensysteme gebe. Nachdem mir die Privilegien bewusst geworden waren, stellte sich mir die Frage: »Was werde ich mit all meinen unverdienten Vorteilen anfangen?« Zwar habe ich diese Frage bereits in meinen ursprünglichen Aufsätzen über Privilegien gestellt, aber hier werde ich sie noch ausführlicher beantworten, nachdem die Saint Paul Foundation mich gebeten hat, weißen Menschen dabei zu helfen, mit den Schuldgefühlen umzugehen, die viele von ihnen bekommen, wenn sie erfahren, dass sie Privilegien haben.

Das Bild weißer Privilegien als unsichtbarer Rucksack, gefüllt mit Vorteilen, auf die ich jeden Tag zugreifen kann, werde ich behalten. Aber ich setze ein zweites Bild zur Veranschaulichung weißer Privilegien daneben: Diese sind wie ein Bankkonto, um das ich nicht gebeten habe, dessen Inhalt ich jedoch nach eigenem Ermessen ausgeben kann. Beispielsweise kann ich ihn dafür ausgeben, die Systeme unverdienter Vorteile zu schwächen, die das Konto mir geschenkt hat. Aber weil es sich um weiße Privilegien handelt, wird es sich ohne Anstrengungen von meiner Seite immer wieder aufs Neue füllen, so dass ich mein Bankkonto weißer Privilegien immer wieder leeren kann und trotzdem nicht pleitegehe.

Das Bankkonto nutzen

Wie nutze ich also mein Bankkonto weißer Privilegien? Ich organisiere Projekte, investiere Zeit und Geld, lese, schreibe Briefe und E-Mails, mische mich ein, mache Mundpropaganda, engagiere mich, setze mich gemeinsam mit anderen gegen Ungerechtigkeit ein und versuche, die Politik zu beeinflussen. Es ist eine Mischung aus Schärfen meines eigenen Bewusstseins und dem Versuch, auch das soziale Gefüge zu verändern. Beispielsweise hat meine Arbeit Folgendes umfasst:

1. einige der typisch weißen Gewohnheiten und weiße Kontrollmechanismen, die ich, weil es mir so beigebracht wurde, in mir und anderen als gegeben voraussetzte, verstehen und schwächen.
2. die Polizei in meiner Heimatstadt aufsuchen und dagegen protestieren, dass sie Afroamerikaner:innen und Immigrant:innen schikanieren.

3. mich für die Integration der Angehörigen unterschiedlicher *Races* in meiner Nachbarschaft einsetzen.
4. versuchen, größtenteils weiße Gruppen, mit denen ich zusammenarbeite, diverser zu gestalten.
5. People of Color einstellen und unterstützen.
6. Vorträge über Privilegien durch die weiße Hautfarbe gemeinsam mit Personen of Color (Indigenous, Latinas und Latinos, Asian American und Afroamerikaner:innen) halten und dabei die öffentliche Aufmerksamkeit, die Podiumszeit und die Honorare teilen.
7. Supermärkte dazu drängen, Lebensmittel von ethnischen Gruppen anzubieten, die sie gern aus ihrem Kund:innenstamm ausschließen.
8. Gespräche über Privilegien und Rassismus beginnen, unter anderem in der Familie und in der Öffentlichkeit.
9. People of Color in mehrheitlich weißen Organisationen zuhören und dann als Verbündete reagieren statt ihre Kommentare unbeantwortet im Raum stehen zu lassen.
10. Worte und Werke jener, die keine weißen Privilegien haben, studieren, ernst nehmen und verbreiten.
11. verstehen, wie viel ich von Menschen lernen kann, die man mich aufgrund ihrer *Race*, Klasse, Religion, Nationalität oder sexuellen Orientierung zu übersehen, zu fürchten oder zu meiden gelehrt hat.
12. Vorträge halten und Programme organisieren und mir dabei bewusst darüber sein, wie viel ich von People of Color gelernt habe, und dies auch ehrlich benennen.
13. einer regelmäßig zusammenkommenden Gruppe weißer Antirassist:innen angehören.
14. mich in Gespräche einmischen oder sie sogar beenden, wenn sie vulnerable Gruppen herabsetzen.

15. beschließen, von weniger Geld zu leben, damit unsere Familie mehr Geld für soziale Gerechtigkeit oder Bedürftige ausgeben kann.
16. bereiter sein, die Begriffe »Weiße Überlegenheit« und »Weiße Vorherrschaft« zu verwenden, um die Annahmen und Folgen von weißen Privilegien zu diskutieren.

Wie in meinem ursprünglichen Paper über weiße Privilegien ist diese Liste von Beispielen autobiographisch und auf meine persönlichen Lebensumstände bezogen. Eine solche Liste würde bei jeder und jedem, die/der sie anlegt, anders aussehen, je nach den eigenen Lebensumständen und dem eigenen Einflussbereich. Im Allgemeinen haben privilegierte Menschen mehr Macht, als sie für einen gesellschaftlichen Wandel nutzen, und kaum jemand von ihnen erkennt, wie viel Handlungsmacht Privilegien uns verleihen.[2]

Weshalb sollte ich das Bankkonto nutzen?

Was haben wir Weißen davon, wenn wir unsere unverdienten Vorteile nutzen, um Systeme unverdienter Vorteile zu schwächen? Es fühlt sich gut an, nicht länger Verärgerung oder sogar Hass auszulösen. Viele von uns, die aufgrund ihrer *Race* oder Klasse über Macht verfügen, bemer-

2 Meine bedeutendste Bemühung zum »Nutzen des Bankkontos« ist, dass ich über drei Jahrzehnte mit Emily Style und den Mitarbeiter:innen des National SEED Project on Inclusive Curriculum zusammengearbeitet habe, um Lehrpläne, Unterrichtsmethoden und Unterrichtsklima gendergerechter, multikultureller und für alle Studierenden, ungeachtet ihres Hintergrunds, inklusiv zu gestalten.

ken nicht, wie misstrauisch Menschen mit weniger Geld oder Status uns gegenüber sind. Dieses Misstrauen mag nie verschwinden, selbst wenn wir unser Bewusstsein und unser Engagement für soziale Gerechtigkeit ausweiten. Das ist verständlich. Wir dürfen nicht erwarten, dass man uns dafür dankt oder Vertrauen schenkt, auch wenn uns bewusst ist, dass wir sowohl an uns selbst als auch für andere arbeiten. Es ist nicht die Aufgabe von Menschen mit weniger Macht, dafür zu sorgen, dass wir uns wieder gut fühlen.

Aber es bringt uns reichlich Vorteile. Für mich fühlt es sich an wie das Ausgleichen von Verlusten. Eine Sache, die meine Privilegien mich gekostet hatten, war die Gelegenheit, echte Gespräche mit Menschen zu führen, auf die herabzublicken man mich gelehrt hatte. Diese konnten spüren, dass ich unbewusst herablassend oder verängstigt war. Mich gegen Rassismus und weiße Privilegien einzusetzen, hat mir einen Sinn im Leben gegeben, der darüber hinausgeht, nur meine Schäfchen ins Trockene bringen zu wollen oder hauptsächlich für das Glück meiner eigenen Familie, Freund:innen und Student:innen zu arbeiten. Funktionierende Beziehungen zu Menschen aufzubauen, die außerhalb der gesellschaftlichen *Race*-Gruppen stehen, mit denen ich als Kind verkehren durfte, hat nach und nach meinen Charakter und meine Persönlichkeit gestärkt. Diese neuen und authentischen Beziehungen gaben mir zum allerersten Mal ein Gefühl von Gemeinschaft. Bis zu diesem Zeitpunkt war der Begriff »Community« für mich als Weiße, die an größtenteils weißen Orten voller Einfamilienhäuser aufgewachsen war, leer und ohne Bedeutung gewesen. Die Arbeit für einen gesellschaftlichen Wandel brachte mir ein tieferes Bewusstsein für meine eigene Sozialisierung und machte mich auch extrovertierter und sogar visionärer in meinen Hoffnungen und Träumen, die nicht länger so ichbezogen waren. Ich begann, mich an der Entwicklung von Strategien zu beteiligen, um ganze Institutionen zu verändern.

Heute verwende ich meine Energie auf Projekte, die ich mir als junger Mensch nicht hätte erträumen können. Wenn meine Projekte gut laufen, fühlt es sich an, als würden wir endlich in einer besseren Welt leben – einer Welt mit weniger Leid. Dadurch, dass ich meine Privilegien für Projekte verwende, die einen gesellschaftlichen Wandel herbeiführen, kann ich auf eine Welt hinarbeiten, in der ich leben möchte.

Mein Leben hat sich so stark verbessert, dass ich mich manchmal frage, warum ich das große Ganze der Privilegien nicht schon früher erkannt habe. Ich stehe in der Schuld von Aktivist:innen der sechziger, siebziger und achtziger Jahre des zwanzigsten Jahrhunderts, die Systeme erkannten, über die man ihnen in den fünfziger Jahren nichts beigebracht hatte, und die versuchten, eine freiere, menschlichere, weniger rassistische Welt zu erschaffen. Viele von ihnen sind People of Color. Mit den Worten von Victor Lewis: »People of Color zahlen das Schulgeld, damit Weiße etwas über Rassismus lernen.«[3]

Nachdem ich die Privilegien erkannt hatte, gab es vor allem *einen* Grund, weshalb ich Hemmungen hatte, das Bankkonto zu nutzen: Furcht. Ich fürchtete, wenn ich versuchte, unverdiente Macht zu nutzen, um für ein neues ge-

3 Unveröffentlichter persönlicher Austausch mit der Autorin im Verlauf ihrer Freundschaft.

sellschaftliches Ideal Macht zu teilen, würde ich Status, Geld, Respekt, Sinn, Lebenspläne, Familie, Freund:innen, Spaß, institutionelle Unterstützung und mein bisheriges Identitätsgefühl verlieren. Ich weiß, dass die meisten Weißen heute bereits verunsichert sind, wenn es um soziale Schicht, Einkommen, Zeit, Möglichkeiten, Sicherheit und ihre Fähigkeit geht, das zu tun, was sie wollen. Viele haben das Gefühl: »Ich bin jetzt schon überfordert, und es geht mir nicht gut. Ich kann mir meiner Zukunft nicht sicher sein. Weshalb sollte ich mehr tun, als mich um mich selbst und meine Leute zu kümmern?«

Sollten Sie sich auch so fühlen, fassen Sie Mut. Meiner Erfahrung nach kann selbst ganz gewöhnliches, alltägliches Teilen von *Race*-bedingter und anderer Macht sich emotional und gesellschaftlich enorm auszahlen. Es kann dafür sorgen, dass die Welt sich weniger unsicher und stattdessen bedeutungsvoller anfühlt. Es kann ein Gefühl von Gemeinschaft erzeugen – das Wissen, dass wir dieses Leben gemeinsam meistern müssen. Weiße Privilegien abzubauen fühlt sich für mich an wie das Reparieren zerstörter Verbindungen. In der Kultur der Vereinigten Staaten und in unseren Institutionen werden die meisten Verbindungen dort gekappt, wo Machtlinien verlaufen. Niemand von uns ist einfach nur Teil einer einzigen Identitätsgruppe. Wir alle haben ein Herz und ein Ichgefühl, und zugleich wurden wir schon in eine soziale Verortung und eine Gruppenidentität hineingeboren, durch die wir geformt und von anderen Menschen getrennt gehalten werden, insbesondere innerhalb von Institutionen. Aber wir wurden auch in Beziehungen zu anderen hineingeboren. Ich stelle fest, dass ein Bekämpfen von Rassismus das soziale Gefüge repariert, die Seele heilt und Angst reduziert. Es verbessert die Lage für alle Menschen.

Diskussionen über *Race* und Privilegien können helfen, eine unbezahlbare Fähigkeit zu entwickeln: Machtsysteme sowohl um uns herum als auch in unserem Inneren zu erkennen. Durch das Wissen darum können wir alle besser begreifen, woher wir kommen, wer wir sind, wo wir stehen und was wir tun können. Indem wir im SEED-Projekt Selbstreflexion mit Gruppenprozessen verbinden, gelangen die Teilnehmer:innen auf einem unerklärlichen und machtvollen Weg zu einem tieferen Verständnis. Offen mit anderen über die eigenen Erfahrungen in Machtsystemen zu sprechen ist für eine Gruppe von Menschen eine innovative und vielversprechende Möglichkeit, um mehr Erkenntnisse darüber zu gewinnen, wie allen geholfen werden kann, um zu überleben und ein gutes Leben zu führen. Manche glauben, heutzutage sei man auf gefährliche Weise unamerikanisch, wenn man *Race* und Macht systemisch denkt, aber meiner Ansicht nach wird man dadurch zu einem kundigeren, weiseren und menschlicheren Mitglied der Gemeinschaft, der Nation und der Welt.

6 Wenn Weiße sich mit *Race* auseinandersetzen: die Mythen aufdecken, die Rassismus aufrechterhalten (2009)[1]

»Das Schwierige oder Beängstigende am Sprechen über Rassismus ist …« Victor Lee Lewis, Hugh Vasquez und ich beginnen unsere Sitzungen zum Thema *Race* an verschiedenen Orten in den Vereinigten Staaten damit, dass wir alle Teilnehmer:innen bitten, sich für diese von Victor Lewis entwickelte Übung im Zweierteam zusammenzutun. Wir bitten jede:n Einzelne:n, diesen Satzanfang innerhalb von einer Minute so oft wie möglich zu vervollständigen. Wer spricht, wird nicht unterbrochen. **»Das Schwierige oder Beängstigende am Sprechen über Rassismus ist …«**

So lassen sich Ängste und Widerstände bemerkenswert leicht ermitteln, da jede:r für sich selbst spricht, zugleich aber Erleichterung spürt durch die Verbundenheit mit anderen, die ähnliche Ängste haben. Hier einige der Antworten, die wir von weißen Teilnehmer:innen gehört haben:

- Man möchte nicht als Rassist:in bezeichnet werden.
- Ich habe Angst, man könnte mir die Schuld geben.
- Ich könnte mich schämen.
- Ich könnte mich zum Narren machen.
- Mein Rassismus könnte zum Vorschein kommen.
- Ich könnte dichtmachen.

1 Dieser Essay wurde ursprünglich veröffentlicht als McIntosh 2009a.

- Ich könnte die Hoffnung verlieren.
- Jemand wird wütend auf mich werden.
- Ich könnte jemandem wehtun.
- Ich könnte herausfinden, dass ich noch viel über mich zu lernen habe.
- Ich könnte feststellen müssen, dass ich selbst Teil des Problems bin.

Aus diesen Antworten weißer Menschen höre ich zwei Ängste heraus – die Angst, etwas »Falsches« oder Verletzendes zu sagen, und die Angst, das eigene Selbstwertgefühl zu verlieren. Ich bin zu dem Schluss gekommen, dass diese Antworten unserem Wunsch entspringen, uns gut zu fühlen und unser Bild von uns selbst und unseren Beziehungen in der Welt aufrechtzuerhalten. Uns scheint bewusst zu sein, dass es etwas zu befürchten gibt, das uns in Schwierigkeiten mit anderen Menschen bringen mag, wenn wir den Deckel öffnen und über Rassismus in den Vereinigten Staaten sprechen.

Widerstand, Privilegien und herrschende Mythen

Der Wunsch, unser Bild von uns selbst »sauber« zu halten, ist Teil weißer Privilegien. Wer als weißer Mensch in den Vereinigten Staaten lebt, glaubt sich berechtigt, sich gut zu fühlen, weil er/sie von den negativen Aspekten der weißen Geschichte abgeschirmt worden ist. Uns wurde versichert, wir seien normal, liebenswert und verdient und hätten bessere Werte und ein besseres Betragen als People of Color hier und auf der ganzen Welt. Diese Lehren werden uns häufig unterbewusst von unseren Familien, Bildungssystemen und den Medien vermittelt. Es widerstrebt uns, uns mit Rassismus zu befassen, da wir fürchten, unsere Wahrnehmung von uns selbst als »gute Menschen« im »großartigsten Land« der Welt könne Schaden nehmen.

Ich halte es für ganz natürlich, dass einem Dinge widerstreben, die das Bild des eigenen Gutseins trüben könnten. Aber ich schlage vor, dass wir uns fragen, wieso dieses Bild nicht längst getrübt ist. Wie kommt es, dass Weiße nach wie vor so großen Stolz empfinden und sich für verdient halten? Die Antwort lautet meiner Ansicht nach, dass Weiße mit fünf starken Kulturmythen aufgewachsen sind: **Meritokratie, *Manifest Destiny*, weiße *Race*-Losigkeit, Monokultur** und **weiße moralische und leitende Überlegenheit**. Diese Kulturmythen sind das Fundament dafür, dass wir uns als weiße Menschen gut fühlen, und bewirken in uns, dass wir Gegenbeweise nicht sehen und diese diskreditiert werden. Außerdem verhindern sie, dass wir, ob auf systemischer oder auf individueller Ebene, ernsthafte Diskussionen über Rassismus führen. Eines der zentralen Elemente weißer Privilegien besteht darin, das Thema Rassismus nicht ernst nehmen zu müssen.

Der **Mythos der Meritokratie** ist der Mythos, das Individuum sei die einzige Einheit der Gesellschaft, und was auch immer ein Individuum bis zu seinem Tod erreicht hat, müsse das sein, was dieses Individuum gewollt, wofür es sich angestrengt, was es sich erarbeitet und was es verdient habe. Dieser Mythos beruht auf der Annahme, dass das, was Menschen erfahren – wie sie sehen, fühlen, denken, sich verhalten und was sie zu erreichen imstande sind –, nicht durch gesellschaftliche Systeme oder Umstände beeinflusst werde. In der Meritokratie gibt es keine Systeme von Unterdrückung oder Privilegien, die unterschiedlichen Menschen in unterschiedlichen Situationen das Leben willkürlich erschweren oder erleichtern können.

Beim **Mythos des *Manifest Destiny*** geht es um die Vorstellung, weiße Menschen wären von Gott dazu ausersehen, das Land Indigenen wegzunehmen und an sich zu reißen, um all das zu besitzen, was heute die Vereinigten Staaten auf dem Kontinent ausmacht. Mit diesem Mythos müssen wir Weißen nicht in unser moralisches oder ethisches Bewusstsein aufnehmen, dass wir auf Land leben, das denen geraubt wurde, die vor uns hier waren und deren Kulturen und physische Existenzen weiße Menschen zu zerstören versucht haben. Durch den expliziten oder impliziten Glauben daran, Gott habe weiße Menschen dazu ausersehen, Nordamerika zu »besiedeln«, sahen viele Weiße die weiße Besiedlung nicht als rassistische Gewalt, in deren Verlauf sie die Siedlungen und die Leben anderer auslöschten.

Der **Mythos weißer *Race*-Losigkeit** meint die Vorstellung, weiße Menschen hätten keine *Race* oder würden keine auf *Race* basierenden Erfahrungen machen. Nach dieser Sichtweise sind wir einfach »normal«. Andere haben eine *Race*, und man macht uns glauben, diese würde ihnen oder auch uns Probleme bereiten. Wir »Normalen« seien dagegen in Sachen *Race* unmarkiert und der Maßstab dafür, was es bedeutet, ein Mensch zu sein. Die Beteiligung Weißer an Systemen der Dominanz oder Unterdrückung wird nicht als Teil unserer *Race*-Geschichte angesehen.

Der **Mythos der Monokultur** besagt, es gebe eine einzige amerikanische Kultur, und wir alle würden sie auf mehr oder weniger dieselbe Weise erleben. Wer Probleme mit der amerikanischen Kultur hat, sehe nicht korrekt oder verhalte sich unangemessen. Der Mythos der Monokultur drängt People of Color eine Annahme und eine Forderung auf. Er fordert von ihnen, dass sie lernen, wie weiße Menschen (»normale« Menschen) zu sehen und zu fühlen und sich so zu verhalten wie sie – sich also in die weiße Kultur einzupassen –, und er nimmt an, sie hätten nichts zu verlieren, wenn sie ihre Herkunftskulturen aufgeben, und viel zu gewinnen, wenn sie sich der einen »normalen« Kultur anpassen. Unter dem Mythos der Monokultur wird *e pluribus unum* (»aus vielen eines«) als Ideal verstanden, während das Gegenteil, *intra unum plures* (»in einem viele«), weder respektiert noch anerkannt wird.

Wenn wir Weißen diese Grundüberzeugungen und -annahmen von unseren Eltern, dem Bildungssystem und den Medien vermittelt bekommen, saugen wir die Vorstellung in uns auf, weiße Menschen seien anderen überlegen. Dies wird nicht ausdrücklich gesagt. Stattdessen lernen wir, es für natürlich zu halten, dass wir über die Welt und ihre Angelegenheiten bestimmen, und dem unbewussten Verstand weißer Menschen wird die Vorstellung eingepflanzt, nur einer sehr ungewöhnlichen Person of Color, die sich stark von anderen unterscheidet, könne eine Macht wie die unsere anvertraut werden. Dies ist der **Mythos der weißen moralischen und leitenden Überlegenheit**.

Es ist wichtig, zu erkennen, welch eine entscheidende Rolle dieses Bündel an Mythen als psychologischer Unterbau für die Weigerung Weißer, sich mit Rassismus auseinanderzusetzen, spielt. Die Mythen werden weißen Menschen in den Vereinigten Staaten seit Jahrhunderten beigebracht, und zwar meist auf einer unterbewussten Ebene. Jeder dieser fünf Mythen beruht zum Teil auf weißen Privilegien und erzeugt in den Herzen und Köpfen weißer Menschen Widerstand dagegen, sich mit *Race* auseinanderzusetzen. Hinter den häufigsten Bekundungen des Widerstands gegen eine Diskussion von *Race* oder auch nur ein Ansprechen des Themas lassen sich Elemente dieser Mythen finden:

- Wieso können wir uns nicht einfach vertragen? Es gibt keine Probleme, die auf *Race* basieren, wenn Menschen diese nicht erschaffen.
- Wir sind alle gleich.
- Ich habe keine Vorurteile.
- Ich sehe keine Hautfarben. Ich sehe nur Menschen.
- Wozu Staub aufwirbeln?
- Mach die Menschen nicht wütend.
- Sieh es positiv.
- *Race* zu studieren polarisiert und ist sogar rassistisch.
- Wir haben alle Probleme. Menschen mit Charakter überwinden sie. Jede:r hat eine Chance.
- Manche Menschen können sich einfach nicht eingliedern.
- Wenn sie hier leben wollen, sollen sie Englisch sprechen. Sie können sich glücklich schätzen, überhaupt hier zu sein.
- Sie sind einfach nur undankbar.
- Sie verderben diese Gemeinschaft – dieses Land.

Eine Auseinandersetzung mit *Race* erfordert die Bereitschaft, die diesen Aussagen zugrundeliegenden fünf Mythen kritisch zu hinterfragen. Der Widerstand weißer Menschen ist natürlich. Weshalb sollten diejenigen unter uns, die weiß sind, aufgewachsen in einer Umgebung, in der diese fünf Mythen als Wahrheit akzeptiert wurden, sich nicht dagegen wehren, dass unsere Egos, unsere Sicht auf unsere Familien und Vorfahren und unsere Vorstellungen über diese Nation durcheinandergebracht werden? Wird ein neues Bewusstsein für unsere *Race*-Geschichte und für das Hier und Jetzt unser Leben verbessern? Ich bin davon überzeugt, dass die Antwort »Ja« lautet. Aber unser Bewusstsein zu schärfen ist nicht einfach, da wir damit gegen so vieles anarbeiten, was uns beigebracht wird von den Schulen, den Medien und durch den Fokus auf Individualismus in der amerikanischen Kultur.

Widerstände überwinden

Wer in Sachen *Race*-Beziehungen seine Hausaufgaben machen will, muss das sonnige Bild einer Monokultur, in der wir alle uns im selben System befinden und dieses System auf dieselbe Weise erfahren, aufgeben. Er/Sie muss lernen, seinen/ihren Verstand zu pluralisieren. Er/Sie muss den Mythos der Meritokratie und die Annahme, Weiße sollten die Führung übernehmen, aufgeben. Besser passende Rahmen erlauben es einem, die Krankheiten des Rassismus und andere gesellschaftliche Missstände zu erkennen, selbst wenn man nicht als offenkundiges Opfer unter ihnen leidet (Loewen 1996; Zinn 1980 [dt. 2023]). Damit in den Köpfen von Student:innen oder Bürger:innen besser passende Rahmen entstehen, ist es nötig, sechs Fähigkeiten zu entwickeln, die an amerikanischen Schulen nur selten gelehrt werden:

- die Fähigkeit, zu sehen, dass wir bei unserer Geburt willkürlich in der Welt platziert werden;
- die Fähigkeit, zu sehen, wie die Umstände unserer Geburt uns innerhalb vieler Formen von gesellschaftlichen, sprachlichen, kulturellen und politischen Hierarchien eine erste Orientierung geben;
- die Fähigkeit, zu sehen, wie unsere Verortung in diesen Systemen unsere Erfahrungen und unser Verständnis von uns selbst und der Welt beeinflusst;
- die Fähigkeit, zu erkennen, dass bestehende systemische Hierarchien Ungerechtigkeit erschaffen haben, die wir alle in einem gewissen Ausmaß erfahren;
- die Fähigkeit, zu erkennen, dass diese Machthierarchien auch unverdiente Vorteile oder Privilegien erschaffen haben, die wir alle in einem gewissen Ausmaß erfahren;
- die Fähigkeit, zu sehen, dass wir innerhalb und trotz dieser Hierarchien darauf hinarbeiten können, Schäden zu begrenzen und das Gemeinwohl zu fördern.

In der monokulturellen Welt eines einzigen Systems, in der ich lebte, bevor ich lernte, andere Systeme zu erkennen, kam ich selbst gut weg. Aber in der multikulturellen Welt, in der ich tatsächlich lebe, lautet die Wahrheit meiner Geschichte, dass ich sowohl einer unterdrückerischen Gruppe angehöre als auch einer unterdrückten. Den unterdrückerischen Teil der Geschichte meiner Vorfahren anzuerkennen bedeutet, mich in der gesellschaftlichen und politischen Welt eher als Teil des Problems denn als Teil der Lösung zu positionieren. Ich hatte Angst vor dieser Neupositionierung, denn ich fürchtete den Verlust meiner Stellung im Mittelpunkt, von Gewissheit, Selbstwertgefühl, Selbstvertrauen, dem Gefühl des Berechtigtseins, Macht, Selbstzufriedenheit, Selbstrespekt, Stolz, dem Gefühl der Überlegenheit, dem Gefühl, geschützt zu sein, dem Gefühl von Kompetenz und einer vertrauten Seelenwelt. Wie die meisten weißen Menschen sträubte ich mich dagegen, mich mit *Race* auseinanderzusetzen.

Was kann helfen, diesen Widerstand zu überwinden? Am besten gelingt es meiner Ansicht nach in einer Gruppe, in der die Geschichten jedes einzelnen Mitglieds geschätzt und gewürdigt werden. Wir werden alle willkürlich in Systemen platziert, aber wir alle haben unseren individuellen Wesenskern, den ich als unser heiliges Zentrum ansehe. Wenn weiße Menschen tiefgründige, ehrliche Geschichten darüber erzählen, wie sie sowohl Unterdrückung als auch Privilegien erlebt haben, und wenn diesen Geschichten Glauben geschenkt wird, können weiße Menschen sich meiner Erfahrung nach gegenüber einer Auseinandersetzung mit *Race* ohne Selbstvorwürfe, Scham oder Schuldgefühle öffnen. Sie können ihren Widerstand gegen ein tiefgreifendes neues Verständnis austauschen, das die Psyche und das soziale Gefüge stärkt, statt sie zu zerstören.

Nachdem der erste Denkanstoß von Victor Lee Lewis dazu geführt hat, dass die Menschen erkennen, was sie beim Sprechen über *Race* schwierig und beängstigend finden, bitten wir die Zweierteams in unseren Workshops zu *Race*, sich jeweils eine Minute zu nehmen, um den zweiten Satzanfang zu vervollständigen: »Das Gute und Nützliche am Sprechen über Rassismus ist …« Wenn wir diesen Satzanfang am Ende der Sitzung noch einmal wiederholen, hören wir von weißen Menschen Antworten wie diese:

- Es ist so eine Erleichterung, es einmal rauszulassen.
- Ich habe mich noch nie einfach hingesetzt und People of Color zugehört, die über ihr Leben reden.
- Ich hatte keine Ahnung, dass unsere Leben so unterschiedlich sind – dabei arbeiten wir im selben Gebäude.
- Ich habe gelernt, dass es nur ein Traum war, dass wir »alle in derselben Welt leben«.
- Ich war mir sicher, dass ich hier gehört werde.
- Ich weiß, dass man mir hier keine Vorwürfe macht.
- Das Sprechen über *Race* hat mir auf eine harte, aber gute neue Weise mich selbst gezeigt.
- Ich denke, ich werde jetzt ein besserer Mensch sein.
- Ich weiß nun, dass es Privilegien gibt, und das ändert alles für mich.
- Ich kann lernen, wie ich in mir selbst und bei anderen gegen Rassismus vorgehen kann.
- Ich habe mich nach einer hinsichtlich *Race* gemischten Gemeinschaft gesehnt, und nun glaube ich, dass es sich lohnt, darauf zu hoffen.
- Ich überwinde meine Angst vor People of Color.
- Ich weiß, dass ich weiß bin, und das hat so viele Knoten für mich gelöst.
- Mir ist nie bewusst gewesen, dass ich selbst über Macht verfüge, das System weißer Privilegien zu schwächen.

Diese Antworten zeigen, was ich selbst erlebt habe. Gesehen und gehört zu werden, während man von eigenen Erfahrungen berichtet, und den Erfahrungen anderer zuzuhören, kann einen sehr verändern. Es überwindet den Widerstand dagegen, sich den Ungerechtigkeiten zu stellen, die uns allen zusetzen und Mythen über unsere Gesellschaft produzieren.

Es verringert Angst und fördert Mitgefühl und Empathie. Es hilft uns weißen Menschen, klarer zu erkennen, wer wir sind und woher wir kommen. Es hilft uns, zu verstehen, dass das, was uns beigebracht wurde, uns zwar beschädigt und entmachtet, wir aber auch über Handlungsmacht verfügen.

Unterstützung beim Überwinden meiner eigenen Widerstände gegen eine Auseinandersetzung mit *Race* bekam ich von einigen der überzeugendsten Autor:innen, deren Werke ich je gelesen habe: Frantz Fanon, Paolo Freire, Lillian Smith, Virginia Woolf, Demita Frazier, Beverly Smith, Barbara Smith, Will Gravely, Tillie Olsen, Akasha Gloria Hull, Sylvia Ashton-Warner, Audre Lorde, Alice Walker, Howard Zinn und James Loewen. Sie kam auch aus der Arbeit mit meinen Kollegen Victor Lewis und Hugh Vasquez aus dem Film *The Color of Fear*, von all den Personen in dem Film *Mirrors of Privilege*, von Wissenschaftler:innen in den Bereichen Women's Studies und Ethnologie auf der ganzen Welt und von meinen Kolleg:innen beim National SEED Project, insbesondere Brenda Flyswithhawks, Odie Douglas, Willa Cofield, Nancy Livingston, Eloise Tinley, Hugo Mahabir, Glenabah Martinez, Loren Moye, Jondou Chase Chen, Gail Cruise-Roberson, Motoko Maegawa, Ruth Mendoza und Emily Style. Diese Gefährt:innen haben das Gefühl in mir bestätigt, dass wir nicht allein sind und dass die Systeme, in denen wir leben, uns allen Schaden zufügen.

Ich habe gelernt, dass die Auseinandersetzung mit *Race* Türen öffnet für neue Möglichkeiten und Kontakte. Das Treten durch diese Türen hat mein Leben verändert. Schon ein rascher Blick darauf, welches Potential für ein besseres Leben wartet, kann helfen, die Widerstände Weißer gegen eine Auseinandersetzung mit *Race* zu überwinden.

Quellen zu den *Privilege Papers*

Schriften von Peggy McIntosh

McIntosh 1988 White Privilege and Male Privilege: A Personal Account of Coming to See Correspondences through Work in Women's Studies. Working Paper 189. Wellesley (MA): Wellesley Center for Research on Women, 1988.

McIntosh 1989 White Privilege: Unpacking the Invisible Knapsack. In: Peace and Freedom (Juli/August 1989) S. 10 ff.

McIntosh 1998 White Privilege, Color, and Crime: A Personal Account. In: Mann, Coramae Richey / Zatz, Marjorie Sue (Hrsg.): Images of Color, Images of Crime. Los Angeles: Roxbury Publishing Company, 1998, S. 207–216.

McIntosh 2009a White People Facing Race: Uncovering the Myths that Keep Racism in Place. St. Paul (MN): Saint Paul Foundation, 2009.

McIntosh 2009b White Privilege: An Account to Spend. St. Paul (MN): Saint Paul Foundation, 2009.

Sonstige Literatur

Andersen 1984 Andersen, Margaret: Race and the Social Science Curriculum: A Teaching and Learning Discussion. In: The Radical Teacher 27 (November 1984) S. 17–20.

Ashton-Warner 1963 Ashton-Warner, Sylvia: Teacher. New York 1963.

Combahee River Collective 1979 Combahee River Collective: A Black Feminist Statement. In: Off Our Backs 9, H. 6 (Juni 1979), S. 6 ff.

Daniels 2004 Daniels, Cora: The Man who Changed Medicine. In: Fortune Magazine (29. November 2004).

Eisenstein 1978 Eisenstein, Zillah (Hrsg.): Capitalist Patriarchy and the Case for Socialist Feminism. New York 1978.

Fanon 2008 Fanon, Frantz: Die Verdammten dieser Erde. Übers. von Traugott König. Frankfurt a. M. 2008.

Fanon 2015 Fanon, Frantz: Schwarze Haut, weiße Masken. Übers. von Eva Moldenhauer. Wien 2015.

Fields/Fields 1983 Fields, Mamie Garvin / Fields, Karen Elise: Lemon Swamp and other Places: A Carolina Memoir. London 1983.

Frazier/Smith/Smith 1982 Frazier, Demita / Smith, Barbara / Smith, Beverly: Combahee River Collective Statement (1977). In: Hull/Scott/Smith 1982.

Freire 1973 Freire, Paolo: Pädagogik der Unterdrückten. Übers. von Werner Simpfendörfer. Reinbek 1973.

Gravely 2019 Gravely, William B.: They Stole him Out of Jail: Willie Earle, South Carolina's Last Lynching Victim. Columbia (SC) 2019.

Hull, Gloria T. / Scott, Patricia Bell / Smith, Barbara (Hrsg.): All the Women are White, all the Blacks are Men, but Some of Us are Brave: Black Women's Studies. Old Westbury (NY) 1982.

Loewen 1996 Loewen, James W.: Lies my Teacher Told me: Everything Your American History Textbook Got Wrong (1st Touchstone ed.). New York 1996.

Lorde 2022 Lorde, Audre: Zami. Eine neue Schreibweise meines Namens. Übers. von Karen Nölle. München 2022.

Lorde 2023 Lorde, Audre: Sister Outsider. Übers. von Eva Bonné und Marion Kraft. München 2023.

Olsen 2022 Olsen, Tillie: Was fehlt. Übers. von Nina Frey und Hans Christian Oeser. Berlin 2022.

Rich 1984 Rich, Adrienne: Notes Toward a Politics of Location (1984). In: Blood, Bread, and Poetry: Selected Prose 1979–1985. New York 1986, S. 210–231.

Smith 1983 Smith, Barbara (Hrsg.): Home Girls: A Black Feminist Anthology. New Brunswick 1983.

Smith 1951 Smith, Lillian: Traumtöter: Ein Buch vom dunklen Wahn des weißen Mannes. Übers. von Edmund Th. Kauer. Hamburg 1951.

The Combahee River Collective 2019 The Combahee River Collective: Ein Schwarzes feministisches Statement. Übers. von Melody

Makeda Ledwon. In: Kelly, Natasha A. (Hrsg.): Schwarzer Feminismus. Münster 2019, S. 47–60.

The Combahee River Collective Statement   The Combahee River Collective Statement. In: Eisenstein, Zillah (Hrsg.): Capitalist Patriarchy and the Case for Socialist Feminism. New York 1978.

Wellman 1977   Wellman, David: Portraits of White Racism. Cambridge 1977.

Woolf 2023a   Woolf, Virginia: Ein Zimmer für sich allein. Übers. von Heidi Zerning. Frankfurt a. M. 2023.

Woolf 2023b   Woolf, Virginia: Orlando. Übers. von Brigitte Walitzek. Frankfurt a. M. 2023.

Zinn 2023   Zinn, Howard: Eine Geschichte des amerikanischen Volkes. Übers. von Sonja Bonin. Berlin 2023.

Andere Medien

Butler 2006   Butler, Shakti (Produktion, Regie): Mirrors of Privilege: Making Whiteness Visible. World Trust Films 2006. [Video/DVD.]

Lee 1997   Lee, Mun Wah / Stir Fry Productions (Produktion, Regie): The Color of Fear. Oakland (CA): Stir Fry Seminars and Consulting, 1997. [Video/DVD.]

Nachwort
Protokoll einer schmerzhaften Selbstbefragung

Von Markus Rieger-Ladich

Als der Soziologe Armin Nassehi im Herbst 2023 ein Buch vorlegte, das den Titel *Gesellschaftliche Grundbegriffe* trägt, traf dies allenthalben auf Interesse. Der in München lehrende Sozialwissenschaftler hatte Begriffe ausgewählt, deren Gemeinsamkeit darin besteht, dass sie aus der von ihm vertretenen Disziplin stammen, aber auch jenseits der Wissenschaft verwendet werden. Sie alle prägen zeitgenössische Debatten, instrumentieren aktuelle politische Auseinandersetzungen. »Die öffentliche Sprache ist mit Begriffen soziologischer Herkunft geradezu imprägniert« – so Nassehi (2023, S. 9). Fraglich sei indes, ob der eingeübte Sprachgebrauch immer jene Genauigkeit aufweise, die notwendig sei, wenn es gelingen soll, die beträchtlichen Herausforderungen, mit denen sich Gesellschaften derzeit konfrontiert sehen, präzise zu beschreiben. Eben: auf den Begriff zu bringen.

Dass Nassehis ambitioniertes Buchprojekt auch im Feuilleton auf Resonanz stieß, muss kaum verwundern. Aus den zahlreichen Besprechungen stach eine hervor. Christoph Möllers, Verfassungsrechtler an der Humboldt Universität, rezensierte das Buch für die *Frankfurter Allgemeine Zeitung* und attestierte dem Autor, dass er mit seiner Studie »ein Stück soziologische Aufklärung« betrieben habe. Kaum weniger wichtig sei Nassehis Aufforderung, ein »Verantwortungsbewusstsein für den eigenen Begriffsgebrauch zu entwickeln« (Möllers 2023, S. 12).

Dem ist uneingeschränkt zuzustimmen; irritierend war allein der Einstieg, den Möllers wählte. Seine Besprechung beginnt wie folgt: »Das Streiten um Begriffe wird unterschätzt. Jede Diskussion, sei sie politisch, wissenschaftlich oder persönlich, muss sich auch zu den Kategorien verhalten, mit denen sie sich auf Phänomene bezieht.« (Ebd.) So unstrittig der zweite Satz ist, so kurios mutet der Auftakt an. Wann wäre heftiger gestritten worden um das Vokabular, auf das man sich in politischen Debatten bezieht, als in diesen Tagen? Wann wäre erregter um Selbst- und Fremdbezeichnungen, um Praktiken der Benennung gerungen worden, wenn nicht in der Gegenwart?

Nervosität

Tritt man von den Auseinandersetzungen, die derzeit um Begriffe wie Cultural Appropriation, Queerness und Resilienz, um Trauma, Transsexualität und Wokeness sowie – seit dem 7. Oktober 2023 – um Apartheid, Genozid und Kolonialismus geführt werden, einen Schritt zurück, stellt sich indes schnell ein Déjà-vu ein. Mitte der 1970er Jahre wurden schon einmal heftige Kontroversen über das politische Vokabular ausgetragen. Damals standen sich scharf konturierte Positionen gegenüber: Jürgen Habermas, der Shooting Star der Kritischen Theorie, traf auf konservative Vertreter aus Philosophie, Soziologie und Politikwissenschaft. Zu den klügsten Antipoden Habermas' zählte Robert Spaemann. Dieser wusste sehr genau, was in diesem Streit auf dem Spiel stand. Und so wandte sich Spaemann in einem Essay für den Merkur 1975 gegen den Theorieimport aus den USA, geißelte die inflationäre Rede von Emanzipation und hielt fest: »Hinter dem Streit um Worte steckt ein Streit um Sachen. Andererseits gibt es die menschlichen Sachen nicht ohne die Worte, in denen sie sich ausdrücken. Deshalb muß man den Streit um Worte ernst nehmen.« (Spaemann 1975, S. 12)

Habermas, der in solchen scharf geführten Debatten gleichsam aufblüht, nahm den Fehdehandschuh auf und stellte in einer Replik den Gewinn der neuen Begriffe heraus. Termini wie »Sozialisation«, »Emanzipation« oder »strukturelle Gewalt« seien geeignet, die »Erosion von Alltagsgewißheiten« zu befördern (Habermas 1977, S. 342); sie tauchten das, was lange Zeit unbefragt hingenommen, was stillschweigend akzeptiert und als vernünftig eingeschätzt wurde, in ein grelles Licht. Kurz: Das neue Vokabular sei geeignet, das Vertraute zu befremden und dort Herrschaftsverhältnisse aufzudecken, wo zuvor nur Tradition und Sitte, Überlieferung und Notwendigkeit gesehen wurde. Und eben dies sei – so Habermas – unbedingt zu begrüßen.

Der »Streit um Begriffe«, von dem Möllers spricht, wird also durchaus nicht zum ersten Mal geführt. Und es lässt sich festhalten, dass er weder von Jürgen Habermas und Robert Spaemann unterschätzt wurde noch von jenen, die sich aktuell an identitätspolitischen Debatten beteiligen (vgl. Susemichel/Kastner 2020; Feddersen/Gessler 2021). Auch heute stoßen viele neue Begriffe, die zumeist aus dem angloamerikanischen Raum stammen, auf teils erbitterten Widerstand – und dies, weil sie augenscheinlich geeignet sind, den Status quo infrage zu stellen und den herrschenden Verhältnissen die Zustimmung aufzukündigen. Begriffe wie Hegemonie, Intersektionalität, epistemische Gewalt, aber auch Differenz, Queerness und Transsexualität schärfen den Blick für die Ungleichverteilung von Ressourcen und Kapitalien, von Anerkennung und Wertschätzung; sie machen die höchst ungleiche Verteilung von Partizipationsmöglichkeiten und Lebenschancen zum Gegenstand. Eben deshalb gehen von ihnen genau jene »Beunruhigungseffekte« aus, von denen schon Habermas (1977, S. 327) sprach; sie verändern die Wahrnehmung, eröffnen die Möglichkeit, die Kräfteverhältnisse zu verschieben – und versetzen folgerichtig jene, die von den hegemonialen Diskursen profitieren, in Unruhe, sorgen für zunehmende Nervosität.

Ein angestaubter Terminus

Das gilt auch für den Begriff des Privilegs. Er wird zwar weder von Nassehi noch von Habermas erwähnt, aber es steht außer Frage, dass er die Qualitäten, welche die genannten Begriffe kennzeichnen, ebenfalls aufweist – er tut dies sogar in verdichteter Form. Sondiert man etwa jene Debatten der vergangenen Jahre, in denen Diskriminierung, Ungleichbehandlung und Ausgrenzung intensiv thematisiert wurden, springt sofort ins Auge, dass dem Begriff Privileg dabei eine Schlüsselrolle zukam. Der juristische Terminus wurde nur wenige Jahre nach der Debatte zwischen Habermas auf der einen Seite und Robert Spaemann, Helmut Schelsky sowie Hermann Lübbe auf der anderen zu einer machtvollen »Kampfvokabel« (Rieger-Ladich 2022), zu einer gefährlichen Waffe im Ringen um die Deutungshoheit in gesellschaftspolitischen Debatten.

Erstaunlich ist indes nicht allein die Karriere der Vokabel aus dem Bereich des Rechts; mindestens so verwunderlich ist die Tatsache, dass im deutschsprachigen Raum die beträchtliche Rolle, die dabei Peggy McIntosh spielt, noch immer weitgehend unbekannt ist. Die Rede von Weißsein und Männlichkeit als Privileg ist ohne die kurzen Essays, welche die Sozialwissenschaftlerin in den 1980er Jahren vorlegte und die mit dem vorliegenden Band nun erstmals in deutscher Übersetzung zugänglich sind, kaum zu denken (vgl. Wollrad 2005; Röggla 2012). Als sie sich damals den Vorwürfen schwarzer und lesbischer Feministinnen stellte und der eigenen Verstrickung in eine von Rassismus und Sexismus geprägte Gesellschaft nachzuspüren begann (vgl. The Combahee River Collective 2019; Kelly 2019), sprach nicht eben viel dafür, zu diesem Zweck auf den sperrigen, etwas angestaubten juristischen Terminus zurückzugreifen. Nicht einmal bei den Vertreter:innen einer dezidiert kritischen Gesellschaftstheorie erfreute er sich sonderlicher Beliebtheit.

Der Begriff Privileg findet sich zwar bereits in Texten von Karl Marx und instrumentiert hier die Kritik an der bürgerlich-kapitalistischen Gesellschaft; auch die Vertreter:innen der Kritischen Theorie griffen mitunter auf ihn zurück. Aber auch hier zählte das Privileg nicht zu jenen begrifflichen Instrumenten, denen bei der Kritik der herrschenden Verhältnisse besondere Bedeutung beizumessen sei. Die Ideologiekritik der Frankfurter Schule hatte eine andere Stoßrichtung (vgl. Demirovic 1999). Ähnlich fällt der Befund für den angloamerikanischen Sprachraum aus: Weder in der Tradition des Pragmatismus, die bis zu John Dewey zurückreicht, noch in der des Symbolischen Interaktionismus, die prominent von George Herbert Mead vertreten wurde, spielte er innerhalb der Theoriebildung eine bedeutsame Rolle (vgl. Joas/Knöbl 2004).

Anders war die Situation im Bereich der Bildungsforschung. Hier hatten zwei einflussreiche Soziologen dem Begriff schon früh eine spezifische Färbung verliehen und ihn ins Zentrum bildungspolitischer Debatten gerückt. Ralf Dahrendorf und Pierre Bourdieu griffen ganz gezielt auf den Begriff des Privilegs zurück, um die Instrumentalisierung von Bildungseinrichtungen zu erforschen. Dahrendorf, der in den 1960er Jahren in England eine empirisch verfahrende Bildungsforschung kennengelernt hatte und bei seiner Rückkehr überrascht war, dass hierzulande kaum Datenmaterial zu den Funktionsweisen des Bildungswesens vorlag, platzierte den juristischen Terminus in seiner breit diskutierten Studie *Bildung ist Bürgerrecht* (1965) an prominenter Stelle. Er bemühte den Begriff des Privilegs, um ein Bildungssystem zu kritisieren, das soziale Herkunft prämierte und nur wenig Interesse daran erkennen ließ, sich allen gesellschaftlichen Gruppen und sozialen Milieus gegenüber zu öffnen.

Jenseits des Rheins und mit Blick auf das französische Bildungswesen sprach Bourdieu in verwandter Weise von Privilegien: In dem Buch *Die Illusion der Chancengleichheit* (1971), gemeinsam mit Jean-Claude Passeron verfasst, sowie in weiteren Studien (vgl. Bourdieu 2018) attackierte er die überkommenen ständischen Strukturen der Bildungseinrichtungen und deckte solche Praktiken auf, über die kulturelles Kapital diskret an die nächste Generation vererbt wird. Es lässt sich daher festhalten, dass beide – Ralf Dahrendorf wie Pierre Bourdieu – sich schon früh dafür einsetzten, die

Diskriminierung derer, die aus weniger bildungsaffinen Milieus stammen und mit geringerem kulturellem und ökonomischem Kapital ausgestattet sind, zu beenden und das Bildungswesen auf durchgreifende Weise zu reformieren (vgl. Becker/Lauterbach 2016). Sie sprachen sich nachdrücklich dafür aus, in den Bildungseinrichtungen endlich Verfahrensformen zu etablieren, die einen fairen Wettbewerb um Zeugnisse, Abschlüsse und Titel garantieren.

Und dennoch gilt: Außerhalb dieser Debatten bemühte seinerzeit kaum jemand den juristischen Terminus (vgl. Mohnhaupt 1975). Wenig sprach dafür, dass er einmal zu einem wertvollen Instrument im Kampf gegen Ausbeutung, Unterdrückung und Diskriminierung ausgearbeitet werden könnte. Auf beiden Seiten des Atlantiks wurden die gesellschaftlichen Auseinandersetzungen von sozialwissenschaftlichen Begriffen dominiert und instrumentiert.

Schmerzhafte Selbstbefragung

Was Peggy McIntosh Mitte der 1980er Jahre tat, war daher in mehr als einer Hinsicht ungewöhnlich. Frei von der Angst, den Begriff des Privilegs zu überdehnen, und mit feinem Gespür für dessen Sprengkraft, griff sie auf ihn zurück, um auf einen Sachverhalt aufmerksam zu machen, der von Vertreter:innen der schwarzen Bürgerrechtsbewegung schon länger moniert, aber von den Mitgliedern der weißen »Dominanzgesellschaft« (Rommelspacher 1995) erfolgreich verdrängt wurde. Um nun die Bedeutung wie auch die Folgen ihrer begrifflich-politischen Intervention angemessen würdigen zu können, will ich vier Dimensionen unterscheiden. Nur wer diese in ihrem Zusammenspiel in den Blick nimmt, kann verstehen, weshalb McIntosh zur Stichwortgeberin einer Debatte werden konnte, die etwa vierzig Jahre später erneut Rassismus und Sexismus verhandelt, aber nun etwa auch Klassismus und Heteronormativität, Antisemitismus und Muslimfeindlichkeit berücksichtigt.

McIntosh wendet sich – *erstens* – ganz gezielt dem Alltag zu. Die Listen, die sie in jener Zeit erstellt, verdanken sich augenscheinlich dem Bemühen, solche Bereiche des sozialen Lebens möglichst unvoreingenommen zu erkunden, welche gemeinhin als »privat« gelten – also den gesellschaftlichen Verteilungskämpfen enthoben scheinen. Insbesondere hier, in den alltäglichen Verrichtungen, im Klein-Klein des Alltags, begibt sie sich auf Spurensuche. Gerade dort also, wo intuitiv gehandelt wird und Routinen greifen, wo Ansprüche ganz beiläufig geltend gemacht und Bevorzugungen häufig gar nicht als solche erlebt werden, gelte es wachsam zu sein, gelte es die Selbstbefragung zu intensivieren (vgl. Sonderegger 2016). Ähnlich wie etwa vier Jahrzehnte zuvor, als Simone de Beauvoir dem abstrakten Freiheitspathos Jean-Paul Sartres dadurch begegnete, dass sie auf die Situation verwies, mithin auf die konkreten Existenzbedingungen (vgl. de Beauvoir 2000), plädiert nun auch McIntosh dafür, sich solchen Konstellationen zuzuwenden, die wir meist übersehen, wenn wir über Ungerechtigkeit oder Benachteiligung sprechen. Sie lenkt den Blick auf das kleine Detail und lehrt uns, ihre Leser:innen, die alltäglichen Praktiken auf neue Weise in den Blick zu nehmen.

Mit dieser Zuwendung zur Welt des Alltags korrespondiert – *zweitens* – die Abwendung von großformatigen Theoriekonzepten. Ohne auf hochaggregierte Daten zurückzugreifen oder auf generalisierende Formeln, wendet sie sich der eigenen Person zu und fasst Privilegierung dabei als eine soziale Praxis. Diese in ihrer inneren Logik zu entschlüsseln ist ihr zentrales Anliegen. Es muss daher auch nicht überraschen, dass sich in ihren Essays kaum einmal Passagen finden, in denen sie abstrakt von »Bevorzugung« und »Begünstigung« spricht oder aber von »Benachteiligung« und »Diskriminierung«. Ähnlich wie bei machtkritischen Autoethnographien (vgl. Wacquant 2003), bemüht sich McIntosh in ihren Essays darum, »Privilegiensysteme« (siehe S. 62f. und 90–93) zu dekomponieren und deren Elemente möglichst kleinteilig zu beschreiben. An die Stelle wortreicher Verurteilungen rassistischer Strukturen tritt somit die minutiöse Analyse von Praktiken der Bevorzugung derer, die in der US-amerikanischen Gesellschaft der 1980er Jahre als weiß gelten. Dabei zeigt sich, dass ihrem Blick, der sich augenscheinlich einer »Hermeneutik des Verdachts« (Ricoeur) verpflichtet weiß, kaum einmal ein Phänomen entgeht. Ihr Erkundungsdrang kennt, so scheint es, keine Grenzen: Auf der Suche nach Praktiken der Privilegierung wendet sie sich der Wohnungssuche zu und schulischen Lehrmaterialien, aber auch der Kommentierung von Essgewohnheiten und schließlich sogar der Farbe von medizinischem Verbandsmaterial – mithin der Frage danach, was in einer multiethnischen Gesellschaft als »hautfarben« gilt (siehe S. 33–38).

Vielleicht am verblüffendsten ist der Umstand, dass sich McIntosh der scharfen Kritik, die dem weißen Feminismus von schwarzen, lesbischen Frauen entgegengebracht wurde, nicht verweigerte, sondern – *drittens* – sich einer schmerzhaften Selbstprüfung unterzog. Der Vorwurf, als weiße, bürgerliche Frau von rassistischen Strukturen zu profitieren, wurde damals von manchen ihrer Weggefährtinnen brüsk zurückgewiesen oder aber mit Schweigen quittiert (vgl. Lorde 2021). Auch McIntosh war zunächst gekränkt; sie fühlte sich ungerecht behandelt, hatte sich bislang als Opfer der patriarchalen Verhältnisse betrachtet. Dennoch stellte sie sich den Vorwürfen – und sah sich dazu genötigt, ihr Selbstbild zu revidieren. In einem Interview, das sie *ZEIT-Campus* gab, gewährte sie Einblicke in diesen unbequemen Lernprozess. Auf die Frage der beiden Journalistinnen, was auf die eingehende Prüfung folgte, erklärte sie: »Eine zermürbende Phase. Mir wurde zum ersten Mal klar, dass ich in einem weißen Wissenssystem lebte – und davon profitierte.« Dass ihre Forschungsanträge häufiger bewilligt wurden als die ihrer schwarzen Kolleginnen, hatte sie deren besonderer Qualität zugeschrieben. Sie wähnte sich eben *besser* als ihre Kolleginnen. Damit war es nun vorbei: »Es waren und sind Weiße, die die besten Universitäten des Landes leiten, die an allen wichtigen Schlüsselpositionen sitzen. Dieses weiße System machte auch mich zu einer Unterdrückerin, wie ich mir leidvoll eingestehen musste.« (McInstosh 2020) Es ist diese eigentümliche Konstellation, die den *Privilege Papers* eine besondere Färbung verleiht: Während die Analyse von Privilegien zumeist betrieben wird, um die Bevorzugung *anderer* gesellschaftlicher Gruppen aufzudecken und die Benachteiligung der eigenen Person nachzuweisen (vgl. Kimmel/Ferber 2018), ist hier das Gegenteil der Fall: Der Begriff des Privilegs wird zu einem »Erkenntnisinstrument« (Rieger-Ladich 2022), das es erlaubt, jene Strukturen der Begünstigung aufzuklären, denen man die *eigene* vorteilhafte gesellschaftliche

Positionierung verdankt. Er wird dadurch zu einem Instrument der machtkritischen Selbstbefragung.

Damit wird zugleich – und *viertens* – der Blick auf jenen Umstand gelenkt, den McIntosh in der Metapher des unsichtbaren, schwerelosen Rucksacks sehr anschaulich ins Bild gesetzt hat. Privilegierte sind für die Umstände, denen sie ihren Sonderstatus verdanken, in der Regel blind. Sie profitieren also davon, jene Mechanismen, die dafür verantwortlich sind, nicht einmal aktiv verdrängen zu müssen; diese vollziehen sich – darauf verweist ihre Metapher des Rucksacks – gleichsam im Rücken der Akteure (vgl. Amesberger/Halbmayr 2008). Die Angehörigen der Dominanzgesellschaft wissen also durchaus um die Existenz von Verteilungskämpfen; aber sie wähnen sich als unbeteiligte Beobachter, als unmarkierte Akteure – und damit den Auseinandersetzungen um knappe Ressourcen enthoben. Es ist der berühmte »Schleier« des Nichtwissens (Du Bois 2003), der Weiße zuverlässig davor schützt, ihre eigene Position innerhalb einer rassistisch geprägten Gesellschaft zu begreifen; und dieser Schleier ist es, der auch dafür (mit-) verantwortlich ist, dass viele Männer für patriarchale Strukturen noch immer weitgehend unempfänglich sind oder dass für die Mehrzahl heterosexueller Menschen der Terminus Heteronormativität ein Fremdwort bleibt (vgl. Kimmel/Ferber 2018; Eribon 2019).

Dieses Unwissen um die eigene Bevorzugung gleicht einem Privileg zweiter Ordnung: Jene, die von den herrschenden Verhältnissen ohnehin schon begünstigt werden, profitieren schließlich auch noch davon, mit dieser Tatsache im Regelfall nicht konfrontiert zu werden. Erst vor diesem Hintergrund erschließt sich vollumfänglich, was so bemerkenswert an Peggy McIntoshs rigoroser Selbstbefragung ist: Sie lässt die Vorwürfe der schwarzen Feministinnen nicht länger an sich abperlen, sondern schenkt ihnen Gehör; sie begibt sich auf eine Spurensuche, an deren Ende sie ihr Selbstbild ganz grundlegend revidiert und den Blick nicht länger von den eigenen Verstrickungen abwendet.

Die *Privilege Papers* lassen sich daher als Protokoll einer schmerzhaften Selbstbefragung lesen. Und als Dokument einer Selbstprüfung, die nicht um ihrer selbst willen geschieht. Anders formuliert: Obgleich diese Übung von dem Bemühen geprägt ist, die Funktionsweise des Privilegs des Weißseins besser zu verstehen und dabei auch die eigene Person unvoreingenommen in den Blick zu nehmen, soll diese reflexive Bewegung doch über sich hinausweisen. Die Rückwendung auf die eigene Person geschieht – das hat der US-amerikanische Philosoph Charles W. Mills herausgestellt – auch hier in *normativer* Absicht. Ohne die Autorin der *Privilege Papers* namentlich zu erwähnen, hält er in *Weißes Nichtwissen* ausdrücklich fest, dass bei solchen Theorieprojekten, wie McIntosh sie angebahnt hat, das »Ziel, zu verstehen« stets mit dem Anliegen verknüpft ist, sich von dieser Praxis der Verdrängung zu befreien und deren Fortbestehen zu bekämpfen, mithin ihre Absicherung in der Alltagspraxis »zu untergraben« (Mills 2021, S. 196).

Ortstermin

Stellt man nun diesen besonderen Charakter der Selbstvergewisserung in Rechnung – also die Tatsache, dass McIntosh einen Beitrag weniger zur Theoriebildung leisten wollte als zur Selbstkritik innerhalb des weißen Feminismus –, muss nicht verwundern, dass die *Privilege Papers* nicht den Endpunkt der Privilegienkritik darstellen, sondern vielmehr als Startpunkt zu interpretieren sind. Ich will daher einige jener Herausforderungen skizzieren, vor denen jene stehen, die das von Peggy McIntosh begonnene Projekt weiter vorantreiben wollen.

Obwohl sich McIntosh schon in ihrem ersten Essay durchaus nicht auf das Privileg des Weißseins beschränkt und die lange Liste entsprechender Situationen um eine kurze ergänzt, in der Männlichkeit als ein weiteres Privileg gefasst wird, hat sie in der Folge doch nur wenig Energie darauf verwandt, Praktiken der Privilegierung in ihrem Zusammenspiel zu untersuchen. Erkennbar ging es ihr darum, in einer leicht zugänglichen Sprache ein möglichst breites Spektrum von Leser:innen zu erreichen. Das ist ihr auf sehr eindrückliche Weise gelungen. Und so warb sie in immer neuen Variationen und Anläufen dafür, das Weißsein als ein Privileg zu begreifen – als eine Praxis der Bevorzugung, die Zwietracht sät und Ungerechtigkeiten verschärft, die also einem solidarischen Miteinander entgegensteht.

Weißsein ist allerdings – so die Aktivistin Katharina Röggla (2012, S. 65) in ihrer lesenswerten Einführung in die *Critical Whiteness Studies* – kein »Ort absoluter Privilegien«: Ihre je spezifischen Konturen verdanken die unterschiedlichen Formen des Weißseins erst der Überlagerung und Durchkreuzung mit anderen Achsen gesellschaftlicher Herrschaftsverhältnisse (vgl. Knapp/Wetterer 2003). Weißsein wäre daher relational zu interpretieren – und bleibt als machtkritische Kategorie darauf angewiesen, mit anderen kombiniert zu werden. Auf diesen Umstand hatte nur wenige Jahre darauf die schwarze US-amerikanische Rechtstheoretikerin Kimberlé Crenshaw hingewiesen. In ihrem Aufsatz zu Intersection of Race and Sex, der Ende der 1980er Jahre erschien, entwickelt sie eine Kritik der Rechtsprechung im Bereich der Antidiskriminierung und warnt davor, Rassismus und Sexismus einfach »addieren« zu wollen: Das Zusammenwirken von unterschiedlichen Formen der Diskriminierung folgt nicht den elementaren Grundrechenarten; stattdessen ist mit komplizierten Formen der Überlagerung, der Verstärkung oder der wechselseitigen Beeinflussung zu rechnen (vgl. Crenshaw 2021; Walgenbach 2022).

Auf eine weitere Herausforderung im Kampf gegen Privilegien hat die Politikwissenschaftlerin Ina Kerner hingewiesen. In einem Beitrag zur deutschsprachigen Rezeption der *Critical Whiteness Studies* verweist sie darauf, dass Herrschaftsbeziehungen und »Gerechtigkeitsdefizite« (Kerner 2013, S. 290) erst dann mit Aussicht auf Erfolg bekämpft werden können, wenn nicht allein Personen und ihre Motive ins Zentrum der Kritik rücken. Prozesse der Bewusstwerdung sind fraglos wichtig; sie stehen am Anfang des Vorhabens, Privilegien dauerhaft zu überwinden – aber sie müssen ergänzt werden um einen tiefgreifenden »Wandel, der Institutionen, gesellschaftliche Denk- und Repräsentationsmuster« umfasst (ebd.). Rassismus und Antisemitismus, Sexismus und Queerfeindlichkeit, aber auch Klassismus und Ableismus lassen sich erst dann überwinden, wenn die personale, die institutionelle wie auch die epistemische Dimension berücksichtigt werden. Andernfalls – so 2023 die Erziehungswissenschaftlerin Mechtild Gomolla – bleibt die Analyse zu unterkomplex und begünstigt eine handlungstheoretische Engführung.

Die Analyse und Kritik von Privilegien kommen daher *in the long run* nicht ohne Bezugnahmen auf machtkritische Gesellschaftstheorien aus. So hilfreich es war, dass Peggy McIntosh zunächst den Alltag inspizierte und den Blick für die Mikropolitik der Begünstigung schärfte, so wichtig wird es nun, die Suche nach den Ursachen von Privilegien zu intensivieren. Die phänomenologisch anmutenden Beschreibungen müssen also um theoretische Konzepte ergänzt werden, die Annahmen dazu formulieren, wie die Spaltung in Arm und Reich, in Privilegierte und Minderprivilegierte zu erklären ist. Den beiden britischen Marxist:innen Esme Choonara und Yuri Prassad (2020) ist daher zuzustimmen, wenn sie die Praxis des Privilegien-Checks, die an vielen US-amerikanischen Elite-Universitäten längt zum guten Ton gehört, skeptisch kommentieren. Dieses Ritual, so ihr berechtigter Einwand, führe dazu, »das Bestehen der Ungleichheit festzustellen – es hilft uns aber nicht, dieses zu verstehen oder zu bekämpfen«; und sie geben zu bedenken: »Faktisch wird die Anerkennung von Ungleichheit zum Selbstzweck.« (Ebd.) Will man also vermeiden, dass die Reflexion von Privilegien zu einem Elitenprojekt wird, mit dem jene, die in Harvard oder Princeton, in Oxford oder Cambridge eingeschrieben sind, ihre »Wokeness« demonstrieren, ist es unverzichtbar, das beträchtliche Theoriedefizit der Privilegienkritik zu bearbeiten (vgl. Benn Michaels 2021; Rieger-Ladich 2024).

Kaum weniger wichtig ist es, immer wieder aufs Neue die Sprache zu überprüfen, die dabei verwendet wird. Der verantwortungsvolle Begriffsgebrauch, von dem Christoph Möllers sprach, muss das erklärte Ziel sein. Gerade weil McIntosh in neueren Beiträgen dazu neigt, bestimmte Begriffe zu überhöhen – sie wirbt nachdrücklich für »Zuhören« und »Lernen«, setzt große Hoffnungen in »Reparieren« und »Heilen« (siehe S. 98 f.) –, scheint es mir ratsam, die härter werdenden Verteilungskämpfe nicht aus dem Blick zu verlieren und dies auch sprachlich abzubilden. Das »Zuhören« und der »Dialog« werden leicht als Nebelkerzen eingesetzt; sie simulieren auf der Ebene der Semantik eine Einigkeit, die jenseits davon kaum einmal existiert. In ähnlicher Weise suggeriert das Reden vom »Reparieren« und »Heilen«, dass es einmal einen ursprünglichen Zustand der Unversehrtheit gab.

Es gilt daher – frei von Nostalgie und einer Rhetorik der Authentizität – einen präzisen Begriffsgebrauch einzuüben; nur dann lässt sich der Terminus Privileg, dem in der kritischen Selbstbefragung des weißen US-amerikanischen Feminismus eine Schlüsselrolle zukam, zu einer machtvollen Kampfvokabel ausarbeiten, zu einem Instrument der Herrschaftskritik.

Literatur

Amesberger/Halbmayr 2008 Amesberger, Helga / Halbmayr, Brigitte: Das Privileg der Unsichtbarkeit. Rassismus unter dem Blickwinkel von Weißsein und Dominanzkultur. Wien 2008.

de Beauvoir 2000 de Beauvoir, Simone: Das andere Geschlecht. Sitte und Sexus der Frau (1949). Reinbek 2000.

Becker/Lauterbach 2016 Becker, Rolf / Lauterbach, Wolfgang (Hrsg.): Bildung als Privileg? Erklärungen und empirische Befunde zu den Ursachen von Bildungsungleichheiten. Wiesbaden [5]2016.

Benn Michaels 2021 Benn Michaels, Walter: Der Trubel um Diversität. Wie wir lernten, Identitäten zu lieben und Ungleichheit zu ignorieren. Berlin 2021.

Bourdieu 2018 Bourdieu, Pierre: Bildung. Studien zur Kultursoziologie II. Berlin 2018.

Bourdieu/Passeron 1971 Bourdieu, Pierre / Passeron, Jean-Claude: Die Illusion der Chancengleichheit: Untersuchungen zur Soziologie des Bildungswesens am Beispiel Frankreichs. Stuttgart 1971.

Choonara/Prasad 2020 Choonara, Esme / Prasad, Yuri: Der Irrweg der Privilegientheorie. In: International Socialism. A Quaterly Review of Socialist Theory 142 (2020). URL: http://isj. org. uk/der-irrweg-der-privilegientheorie/

Combahee River Collective 2019 Combahee River Collective: Ein Schwarzes feministisches Statement (1977). In: Kelly 2019, S. 47–60.

Crenshaw 2021 Crenshaw, Kimberlé: Die Intersektion von *race* und Geschlecht vom Rand ins Zentrum bringen: eine Schwarze feministische Kritik der Antidiskriminierungsdoktrin, feministischer Theorie und antirassistischer Politik. In: Lepold, Kristina / Martinez Mateo, Marina (Hrsg.): Critical Philosophy of Race. Ein Reader. Berlin 2021, S. 304–327.

Dahrendorf 1965 Dahrendorf, Ralf: Bildung ist Bürgerrecht: Plädoyer für eine aktive Bildungspolitik. Hamburg 1965.

Demirovic 1999 Demirovic, Alex: Der nonkonformistische Intellektuelle. Die Entwicklung der Kritischen Theorie zur Frankfurter Schule. Frankfurt a. M. 1999.

Du Bois 2003 Du Bois, W. E. B.: Die Seelen der Schwarzen (1903). Freiburg 2003.

Eribon 2019 Eribon, Didier: Betrachtungen zur Schwulenfrage. Berlin 2019.

Habermas 1977 Habermas, Jürgen: Umgangssprache, Wissenschaftssprache, Bildungssprache. In: Merkur 32, H. 4 (1977) S. 327–342.

Feddersen/Gessler 2021 Feddersen, Jan / Gessler, Philipp: Kampf der Identitäten. Für eine Rückbesinnung auf linke Ideale. Berlin 2021.

Gomolla 2023 Gomolla, Mechtild: Direkte und indirekte, institutionelle und strukturelle Diskriminierung. In: Scherr, Albert / El-Mafaalani, Aladin / Reinhardt, Anna Cornelia (Hrsg.): Handbuch Diskriminierung. Wiesbaden [2]2023. URL: https://doi. org/10.1007/978-3-658-11119-9_9-2

Joas/Knöbl 2004 Joas, Hans / Knöbl, Wolfgang: Sozialtheorie. Zwanzig einführende Vorlesungen. Frankfurt a. M. 2004.

Kelly 2019 Kelly, Natasha A. (Hrsg.): Schwarzer Feminismus. Grundlagentexte. Münster 2019.

Kerner 2013 Kerner, Ina: Critical Whiteness Studies: Potentiale und Grenzen eines wissenspolitischen Projekts. In: Feministische Studien 31 (2013) S. 278–293.

Kimmel/Ferber 2018 Kimmel, Michael S. / Ferber, Abby L. (Hrsg.): Privilege. A Reader. New York / London 2018.

Knapp/Wetterer 2003 Knapp, Gudrun-Axeli / Wetterer, Angelika (Hrsg.): Achsen der Differenz. Gesellschaftstheorie und feministische Kritik. Münster 2003.

Lorde 2021 Lorde, Audre: Sister Outsider (1984). München 2021.

McIntosh 2020 McIntosh, Peggy: »Weiße hassen es, ihr Selbstbild beschädigt zu sehen.« Ein Interview, geführt von Carla Baum und Amna Franzke. In: ZEIT vom 8.7.2020.

Mills 2021 Mills, Charles W.: Weißes Nichtwissen. In: Lepold, Kristina / Martinez Mateo, Marina (Hrsg.): Critical Philosophy of Race. Ein Reader. Berlin 2021, S. 180–216.

Möllers 2023 Möllers, Christoph: Handreichungen für die öffentliche Debatte. In: Frankfurter Allgemeine Zeitung vom 13.10.2023 (Nr. 238) S. 12.

Mohnhaupt 1975 Mohnhaupt, Heinz: Untersuchungen zum Verhältnis von Privileg und Kodifikation im 18. und 19. Jahrhundert. In: Ius commune 5 (1975) S. 71–121.

Nassehi 2023 Nassehi, Armin: Gesellschaftliche Grundbegriffe. Ein Glossar der öffentlichen Rede. München 2023.

Rieger-Ladich 2022 Rieger-Ladich, Markus: Das Privileg. Kampfvokabel und Erkenntnisinstrument. Stuttgart 2022.

Rieger-Ladich 2024 Rieger-Ladich, Markus: Neustart der Privilegienkritik. Ein Plädoyer. In: Aus Politik und Zeitgeschichte 74, H. 5 (2024).

Röggla 2012 Röggla, Katharina: Critical Whiteness Studies und ihre politischen Handlungsmöglichkeiten für Weiße AntirassistInnen. Eine Einführung. Wien 2012.

Rommelspacher 1995 Rommelspacher, Birgit: Dominanzkultur. Texte zu Fremdheit und Macht. Berlin 1995.

Sonderegger 2016 Sonderegger, Ruth: Praktiken im Vollzug, in der Theorie und als Objekt der Kritik. Eine sehr kurze Einführung in Praxistheorien. In: Kastner, Jens / Gaugele, Elke (Hrsg.): Critical Studies. Kultur- und Sozialtheorie im Kunstfeld. Wiesbaden 2016, S. 303–323.

Spaemann 1975 Spaemann, Robert: Emanzipation – ein Bildungsziel? In: Merkur 29, H. 1 (1975) S. 11–24.

Susemichel/Kastner 2020 Susemichel, Lea / Kastner, Jens: Identitätspolitiken: Konzepte und Kritiken in Geschichte und Gegenwart der Linken. Münster [2]2020.

Wacquant 2003 Wacquant, Loïc: Leben für den Ring. Boxen im amerikanischen Ghetto. Konstanz 2003.

Walgenbach 2022 Walgenbach, Katharina: Privilegien in der Moderne. In: Diskurs 7 (2022) S. 68–94.

Wollrad 2005 Wollrad, Eske: Weißsein im Widerspruch. Feministische Perspektiven auf Rassismus, Kultur und Religion. Königstein i. Ts. 2005.

Zu dieser Ausgabe

Die Grundlage der Übersetzung ist:

Peggy McIntosh: On Privilege, Fraudulence, and Teaching As Learning. Selected Essays 1981–2019. New York: Routledge, 2020, S. 7–60.

Die Übersetzung erfolgt mit freundlicher Genehmigung durch die Autorin.

Anmerkungen der Übersetzerin: Wo es keine adäquate deutsche Übersetzung gibt, habe ich den englischen Ausdruck beibehalten. Ein Beispiel dafür ist *Race* – der Begriff hat im englischsprachigen Diskurs eine Verschiebung von einer biologischen zu einer sozialen Kategorie erfahren, die bei der deutschen Übersetzung nicht stattgefunden hat. Auch mit »schwarz« ist eine soziale Kategorie gemeint und nicht einfach ein biologisches Merkmal wie die Hautfarbe, weshalb der Begriff in vielen aktuellen Veröffentlichungen sowohl im Englischen als auch im Deutschen großgeschrieben wird; da es diese Konvention zum Zeitpunkt der ursprünglichen Veröffentlichung der Texte in diesem Buch jedoch noch nicht gab, habe ich diese Anpassung auf Wunsch der Autorin nicht vorgenommen.